国語科重要教材の授業づくり

たしかな教材研究で読み手を育てる

「おおきなかぶ」の授業

実践国語教師の会 監修
立石泰之 編
川上由美 著

明治図書

はじめに

今、日本の教育は激動の時代にあります。知識基盤社会化、グローバル化に対応すべく、世界に照準を合わせた教育改革が行われ、未来に生きる子どもたちの資質・能力の育成に向けて様々な政策が打ち出されています。学校現場では、新たな教科等の実施やＩＣＴ教育設備の活用など、従来の授業のあり方の見直しが求められています。

しかし、どんなに教育を取り巻く状況や授業の方法が変化しても変わらないものもあります。それは、学習者としての「子ども」、指導者としての「教師」、両者を関わらせる学習内容としての「教材」という三つの要素が授業の成立には不可欠だということです。

そして、子どもたちが主体的に学習する原動力となるのは、やはり課題意識です。教科の本質や内容に迫る子どもたちの問いをいかにしてつくり出すか、教師の力が問われています。

では、どのようなものが価値ある問いであり、その問いをつくり出させるために教師は何をすればいいのでしょうか。

それには、まず何よりも教師の教材を分析する力が必要です。授業を構成する要素である教材を分析し、その「価値」を教師が見出すことができなければ、授業の中で子どもたちに気づかせたり、考えさせたりすることはできません。

現在、使用されている国語の教科書には、長い間掲載されてきた文学教材が数多くあります。

なぜ、これらの文学教材は、多くの教師や学校現場で支持され続けてきたのでしょうか。それは、その教材で子どもたちを学習させる「価値」を多くの教師が感じてきたからに他なりません。そして、多くの先達が、その「価値」に子どもたちを迫らせるための読ませ方を研究・実践してきました。

本シリーズでは、そのような教材を国語科における「重要文学教材」と位置づけ、教材分析・解釈を通してそれらの教材の「価値」に迫るとともに、どのようにしてその「価値」に迫る読み方を子どもたちにさせていくか、授業づくりのステップに合わせて構成しています。

本シリーズは、基本的に次のような三つの章で成り立っています。

第一章　教材を分析・解釈する力を高めよう
第二章　指導方法を構想する力を高めよう
第三章　板書と思考の流れで展開がわかる授業

本シリーズを読み、読者のみなさんにもいっしょに考えていただくことで、今後の授業づくりの一助になれば幸いです。

立石　泰之

目次

第1章

教材を分析・解釈する力を高めよう

第2章 指導方法を構想する力を高めよう

第3章 板書と思考の流れで展開がわかる 実践！「おおきなかぶ」の授業

〈注〉教科書の引用箇所に出典表記がないものに関しては、平成27年度版光村図書一年上を使用しています。

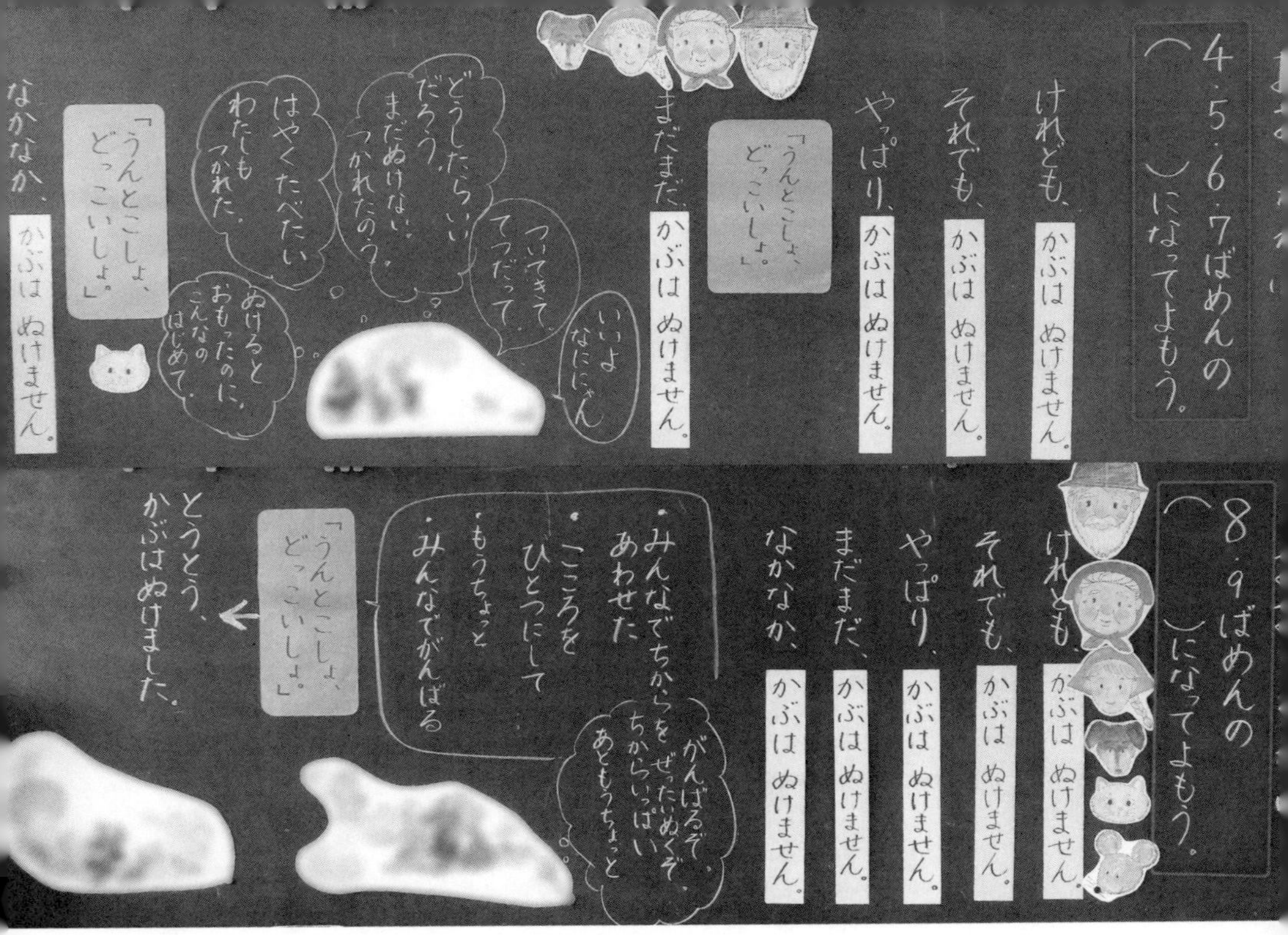

序章

入門期の物語の指導について考えよう

四月、これから始まる小学校での生活に期待で胸を膨らませた一年生の子たちが入学してきます。前で話す担任教師をわくわく感いっぱいで見つめる子どもたちの瞳に責任の重さを改めて感じた先生方も少なくないことでしょう。

しかし、数か月経つと、子どもの瞳の輝きが薄れてくることがあります。その原因を教師が謙虚になって分析することが大切です。子どもたちの学校生活に対する新鮮な驚きが少なくなったことも要因にあるでしょう。では、授業はどうでしょうか。日々、新たな発見が生まれたり挑戦したりと感動が生まれるはずの授業で、入学間もない時期の子どもたちに「授業がわからない」「自分にはできない」などのような思いをもたせてしまっているとすれば、一刻も早く改善していく必要があります。

授業を改善するために指導解説書を熟読したとしても、うまくいかない場合があります。それは、小学校の入門期という大切な時期の子どもたちの実態や、これから行っていく学習に向けた必要な力について、教師の理解が不足しているからなのかもしれません。子どもたちの実態や傾向、つけるべき力がわかれば、そこで講じるべき手立ても見えてきます。

本書は、「おおきなかぶ」の授業づくりについて解説するものですが、その前に、文学を読む入門期の子どもたちのことばの理解に関する特徴やつけていきたい力について述べておきたいと思います。

1 入門期の子どもって、どんな特徴があるの？

入門期である小学校一年生の子どもたちには、ことばの理解に関してどんな特徴があるのか考えてみましょう。

子どもたちは、生まれてから音声言語の中で成長してきました。家族や身近な人たちとのコミュニケーションを通して、発達の段階が進む中で徐々に言語を獲得していきます。

では、文字言語はどうでしょうか。子どもによっては、たどたどしくはあっても、絵本を自分の力で読むことができる子どももいます。一方で、ひらがながまったく読めない、あるいは、ひらがなを一字一字読むことはできても、ことばや文として認識するのが難しい子も少なくありません。

ここで、入門期の子どもたちの読みの特徴を挙げてみましょう。

① もっている語彙が少ない

入門期の子どもたちの語彙は、当然のことながら決して多くありません。小学校中学年の子どもたちの語彙と比較しても大きな差があります。低学年の子どもたちをとりまく世界は、わからないことばで溢れています。目にする看板やテレビ番組のテロップ、耳にする大人の会話やスーパーの店内放送など、四六時中「理解できないことば」に囲まれて過ごしています。文学の中にも、初めて出合うことばがたくさんあるでしょう。子どもたちは、自分の手持ちの語彙でその物語を読んでいくことになります。

また、語彙が少ないことで、文字のまとまりと意味に気づきにくくなります。すらすらと音読していても、実際は、ことばとして意味をとらえていないということもよくあります。

② 全体をとらえずに部分的に読んでしまう

絵本やお話が大好きな子どもたちですが、入門期においては、全体をとらえた感想をもつことはあまりできません。

我々大人は、物語を読んだとき、ストーリーの流れを理解し、「〜という物語だった」と、一つの話としてまとめることができます。また、時には物語全体を貫く主題のようなものを考えながら、感想を語り合ったりすることもあるでしょう。しかし、入門期の子どもたちは、主題について考えることはもちろん、物語を一つのまとまりとして理解し、流れに沿って全体を読むことも難しいのです。物語の一部に注目して読む傾向が強いといえます。

たとえば、『はらぺこあおむし』(エリック＝カール／もりひさし訳、偕成社)という物語を読んだとき、子どもたちは、「あおむしがケーキを食べるお話だったよ」「最後のちょうちょがきれいだったよ」などという感想をもちます。このように、自分の興味のあるところに焦点化して解釈するのです。物語の全体像をとらえたり、前後のつながりを認識したりすることが苦手であり、自分のお気に入りのエピソードを重視して読むという特徴があります。

③ ことばだけではよく理解できない

入門期の子どもたちは、文字を読むのが難しい子はもちろん、文字をある程度読むことができる子でも、ことばだけで物語の内容を理解したり物語世界を味わったりすることは容易ではありません。そこで、子どもたちは挿絵に頼りながら物語を読んでいきます。

ことばと挿絵とがセットになっていることで、イメージをもちやすくなり、物語を楽しむことができるようになるのです。子どもたちの語彙力やことばとことばとをつなぎ合わせて想像する力を補完し、物語の世界をより豊かに楽しむために、挿絵は効果的な役割を果たしています。

入門期の子どもの実態

① もっている語彙が少ない

② 全体をとらえずに部分的に読んでしまう

③ ことばだけではよく理解できない

2 文学の入門期にどんな力をつけたらいいの？

入門期の子どもたちのことばの理解に関する特徴をふまえて、どんな力をつけていけばいいのか考えてみましょう。

先述したような特徴をもつ入門期の子どもたちに、文学の授業を通してどのような力をつけていけばよいのでしょうか。学習指導要領（平成20年版）には、次のように示されています。

小学校学習指導要領　国語　第１・２学年　Ｃ読むこと
(1)　読むことの能力を育てるため、次の事項について指導する。
ア　語のまとまりや言葉の響きなどに気を付けて音読すること。
ウ　場面の様子について、登場人物の行動を中心に想像を広げながら読むこと。

文学の授業に関わる部分を抜粋しました。アでは音読について、ウでは文学的な文章の解釈についての指導事項が述べられています。それぞれの事項でどんな力をつけることをねらった指導が求められているのか、具体的に考えていきましょう。

(1) 文字のまとまりを語や文としてとらえる力や、ことばの響きやリズムを感じる力

指導事項「ア　語のまとまりや言葉の響きなどに気を付けて音読すること。」に関して、解説には、次のように説明されています。

> 音読の基礎となるのが、「語のまとまりや言葉の響きなどに気を付けて」音読することである。明瞭《りょう》な発音で文章を読むこと、ひとまとまりの語や文として読むこと、言葉の響きやリズムなどに注意して読むことなどが重要となる。このような活動を確かなものとするためには、「A話すこと・聞くこと」(1)の「ウ　姿勢や口形、声の大きさや速さなどに注意して、はっきりした発音で話すこと。」と関連付けて指導することが重要である。

子どもたちは、小学校に入学してから本格的に文字言語を操っていくことになります。小学校入学前までの段階で子どもたちが日常的に用いてきたのは、主には音声言語です。まずは、自分たちが使っている音声言語のことばと文字で表されていることばとを結びつけることができるようになる必要があります。ひらがなを覚えたての子どもたちの音読のたどたどしさの原因は、一文字一文字を音声化することに時間がかかることと、ことばの区切りがすぐには認識できないことにあると考えられます。文字言語と音声言語を結びつけるためには、文字の連な

りを一つのことばのまとまりとしてとらえ、声に出して読めるよう練習していくことが大切です。また、語や文のまとまりを理解して繰り返し音読をすることで、文字を一字一字発音する際にはわからなかった、ことばの響きやリズムを感じることができるようになります。

音読を通して、子どもたちは、**「文字のまとまりを語や文としてとらえる力」**や**「ことばの響きやリズムを感じる力」**を体験的に会得していくのです。

(2) 文脈から様子や状況、気持ちなどを想像する力=《イメージする力》

指導事項「ウ　場面の様子について、登場人物の行動を中心に想像を広げながら読むこと。」について、解説には、次のように説明されています。

> 「場面の様子について、登場人物の行動を中心に想像を広げながら読む」とは、物語の展開に即して各場面の様子が変化したり、中心となる登場人物の行動が変化したりしていくことを把握した上で、その様子を豊かに想像しながら読むことを意味している。

「想像」とは、「実際に経験していないことを、こうではないかとおしはかること。現前の知覚にない物事を心に浮かべること。」(『広辞苑』第六版、二〇〇八、岩波書店)です。

本書では、低学年でつけたい文学の読みの力を**《イメージする力》**と表したいと思います。

《イメージする力》とは、**「文字のまとまりをことばとして認識し、ことばの意味を考え、前後のことばと結びつけて、文脈から様子や状況、気持ちなどを想像する力」**です。なぜ、低学年の子どもたちに《イメージする力》をつけることが求められるのでしょう。それは、**1**で述べた、入門期の読みの特徴と関係があります。

入門期の特徴として、①語彙の少なさ、②部分的な読み、③ことばによる認識の限界という三点を挙げました。子どもたちが将来的に一人の読者として文学を味わえるようになるためには、語彙を豊かにし、部分的な読みから全体的な読みへ移行し、挿絵がなくても読めるようにしていかなければなりません。

「文字のまとまりをことばとして認識する」ことをしっかりと意識づけ習慣化させることで、語彙は増えていきます。また、「前後のことばと結びつける」ことを繰り返し経験させることで、部分的な読みからの脱却を図ることができます。そして、「文脈から様子や状況、気持ちなどを想像する」ことで、文字で表された内容を自分の頭の中でイメージ化できる力を高め、挿絵がなくてもことばから想像を広げていくことができるようになります。

もちろん、《イメージする力》は低学年段階のみで養えるわけではありません。小学校、中学校の国語科授業を通して系統的に育成されることになります。入門期には、読むことの構えをつくるうえでも特に意識して《イメージする力》を育むための学習指導について力を入れていく必要があります。

入門期につけたい力

(1) 文字のまとまりを語や文としてとらえる力や，ことばの響きやリズムを感じる力

(2) 文脈から様子や状況，気持ちなどを想像する力 ＝《イメージする力》

●《イメージする力》とは？

《イメージする力》には二つのレベルがあると考えます。第一に、〈イメージをつくる力〉、第二に、〈イメージを広げる力〉です。それぞれ詳しくみていきましょう。

①〈イメージをつくる力〉

文学の解釈の第一段階として、文字の連なりをことばとしてのまとまりで認識し、そのことばの意味を映像として頭の中に立ち上げることが必要になります。

たとえば、「うさぎが森で遊んでいます。」という文について考えてみましょう。まず、

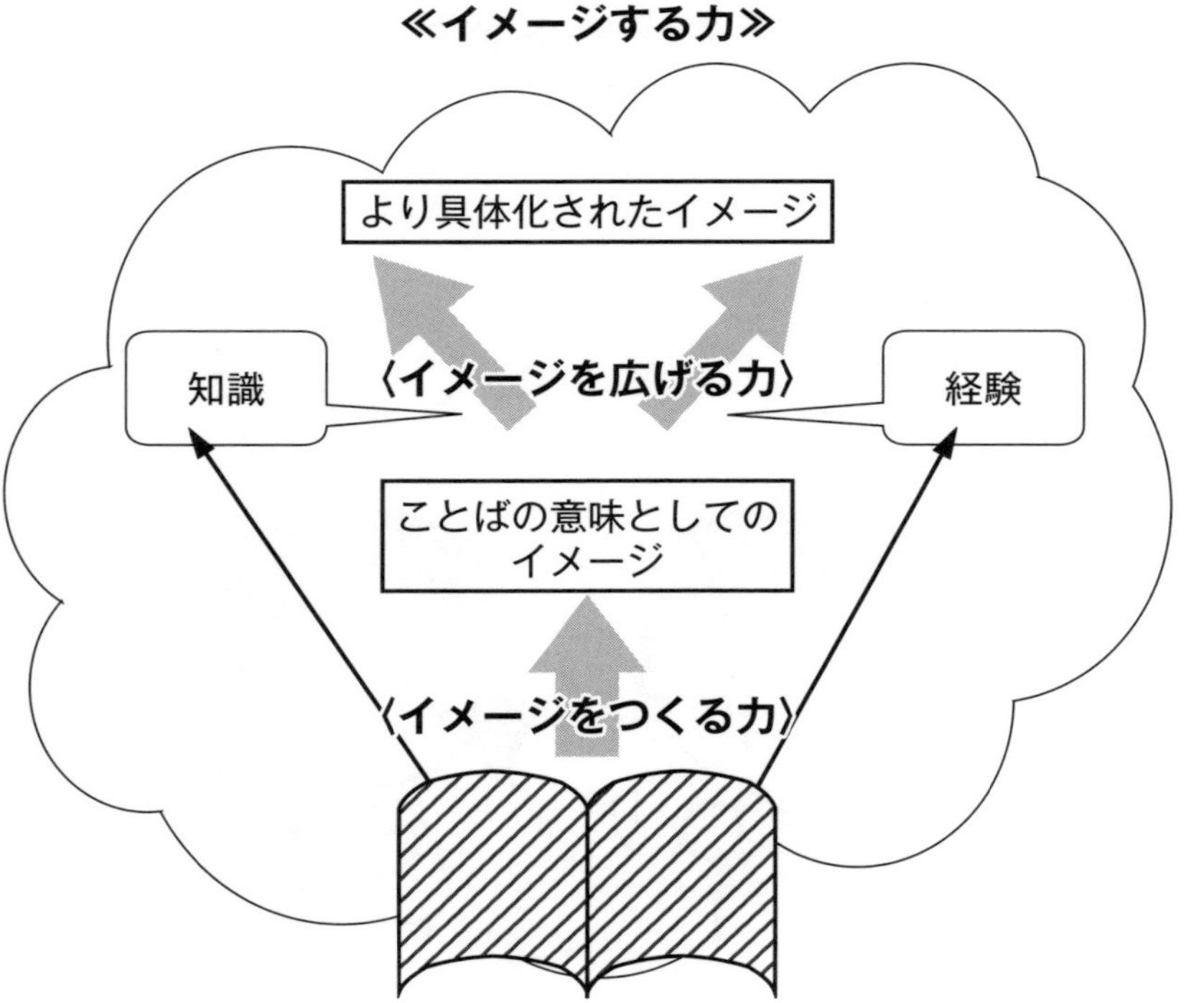

「う」「さ」「ぎ」という文字の連なりを、「うさぎ」という耳の長い小さな動物であると理解することで、頭の中にそれが映像として立ち上がります。このとき、文の構成から「うさぎ」が主語であり、行動（存在）主体であることも認識できます。そして、「うさぎ」がいる場所は「森」であるとわかることで、映像にたくさんの木や草花などが加わります。最後に、「遊んでいます」ということばの意味を、これまでのイメージと連続させることで、活字の羅列が意味をもち、「耳の長い小さな動物が、木がたくさんある場所で楽しく時間を過ごしている」様子が私たちに認識されることになります。

このように、読み手はあるテキストに出合ったとき、ことばの意味を理解し、ことばと意味とを結びつけながら、書かれている内容についてイメージをつくりあげます。〈イメージをつくる力〉は、**「書かれていることをきちんと受け取る力」**と言い換えることもできるでしょう。ここでは文を例に挙げて説明しましたが、文学を読む際は、文章レベルでこの作業を行うことになります。

②〈イメージを広げる力〉

文学の解釈の第二段階として、書かれていることが具体的にはどのような状況であるかを、叙述をもとに自分の知識や経験と結びつけながら想像することが必要になります。

再び、「うさぎが森で遊んでいます。」の文を用いて考えてみましょう。みなさんは、うさぎが何をして遊んでいると想像しましたか。ぴょんぴょんと跳ねているうさぎを思い浮かべた人もいれば、追いかけっこをしているうさぎをイメージした人もいるでしょう。

また、みなさんのイメージには何羽のうさぎが出てきたでしょうか。飛び跳ねたり穴掘りをしたりしていることを想像した人は、森の中に一羽のうさぎがいる様子をイメージしたでしょうし、追いかけっこやかくれんぼをしているうさぎを想像した人のイメージには、複数のうさぎが登場していると思います。

そして、その様子についてどんな印象をもちましたか。おそらく、暗い雰囲気を感じた人はいないでしょう。この文が多くの人に与える印象は、明るくかわいらしいイメージでしょう。

私たちは、「うさぎ」ということばから、「跳ねる、足が速そう、元気でかわいい」、「森」ということばから「広い空間、緑がいっぱい、木漏れ日が差し込む」といった知識や経験を引き出し、それらを具体的なイメージに加えているのです。「遊んでいる」ということばについても同じです。これまで絵本やアニメーションなどで見たうさぎが遊んでいる場面や、実際に自分がする遊びなどの知識や経験を、無意識的に文の意味と結びつけていると考えられます。

このように、イメージを広げる段階では、書かれていることの意味を自分の知識や経験などと結びつけることで、イメージがより具体化されます。〈イメージを広げる力〉は、**「書かれていないことを文脈から想像する力」**と言い換えることもできるでしょう。読み手のもつ知識や経験はそれぞれで異なりますので、解釈には差が現れてきます。

3 《イメージする力》をつけるには？

ここまで、入門期の子どもたちにとって、《イメージする力》が大切だということについて述べてきました。では、《イメージする力》をどのようにして育てていけばいいのか考えてみましょう。

《イメージする力》には、〈イメージをつくる力〉と〈イメージを広げる力〉があることを述べました。説明の都合上、段階的に示しましたが、**この二つの力は明確に分けられるわけではない**ことを付け加えておきます。文学を読んで、イメージをつくりながらイメージを広げていくこともあるでしょうし、イメージを広げることで新たなイメージがつくられることもあります。文学の入門期においては、この二つの力が必要となる学習活動を教師が意図的にしくみ、子どもたちが楽しみながら学習を進めることで、効果的に力を育むことが必要です。

では、〈イメージをつくる力〉と〈イメージを広げる力〉を、国語科の授業を通して子どもたちにつけるには、どのような学習指導を行っていけばよいのでしょうか。

《イメージする力》を育むための学習活動

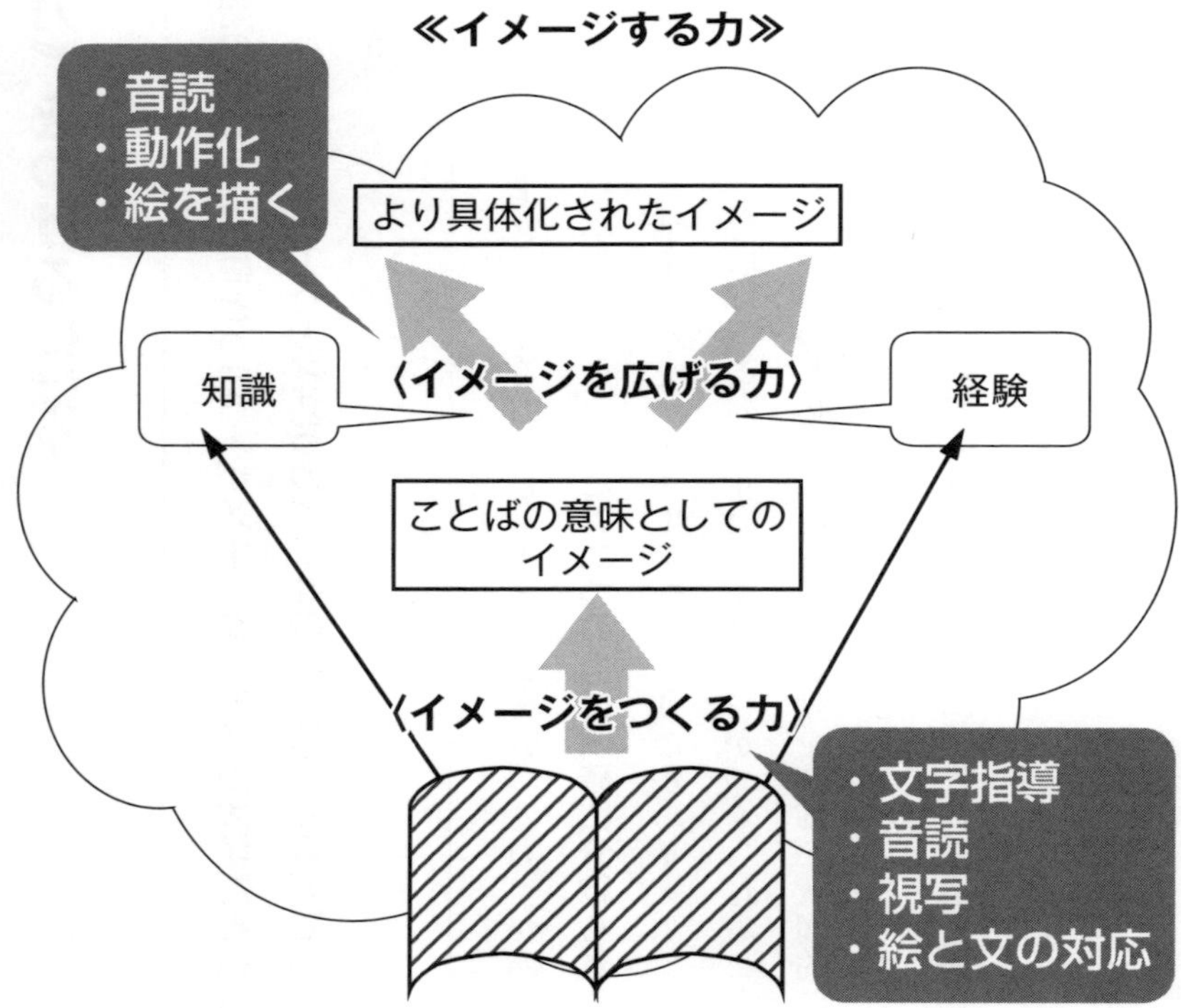

(1)〈イメージをつくる力〉を育てるためには?

「書かれていることをきちんと受け取る力」をつけるためには、次のような学習が必要、または有効であると考えます。

●文字指導

入門期における最も基礎的な国語の指導は、やはり、文字指導といえるでしょう。子どもたちはこれからの生活や学習において、文字を媒介として理解し、考え、表現していくことになります。一年生の一学期では、ひらがな五十音を正しく読み書きできるようにしておく必要があります。一字一字の文字の書き方・読み方を丁寧に指導することはもちろん大切ですが、並行して、読みの教材を通して、いくつかの文字のまとまりがことばとなることや、ことばのまとまりが文になることなどを子どもたちが実感的に理解できるようにします。また、指導にあたっては、清音、濁音、長音、促音、拗音を系統的に扱うことが重要です。

文字が読め、文字のまとまりをことばとして認識できて初めて、〈イメージをつくる力〉への道が開かれます。

●音読

入門期の子どもたちは声に出すことによって文字言語の読み方を理解し、文章の意味内容を把握しています。

書かれていることを正しく理解することができるようになるためには、正しく音読できるようになることが第一歩です。文字の羅列を分節化して語や文のまとまりとしてとらえながら音読することで、イメージとして立ち上げることができるようになります。

そのためには、音読の回数を確保する必要があります。授業の中で形式を変えて（みんなで、班で、ペアで、一人で、いっしょに、交互に、順番に……等）繰り返し読んだり、毎日の家庭学習に課したりすることにより、文章に慣れさせ、ことばの響きやリズムを感じながら正しく読めるようにしていくことが大切です。

●視写

視写は、本文の一部あるいは全部をそっくりそのまま書き写す活動です。正確に視写するためには、何度も文章を読み、文字のまとまりでつくられることばとそのことばの意味をとらえながら書く必要があります。一つ一つのことばに立ち止まって確かめながら書き写すことで、それぞれのことばが表す様子や状況、人物の気持ちなどがより明瞭にイメージされることになります。また、句読点や記号、場面の変わり目などにも注意して視写させることによって、音読をしているだけでは気づかなかった細かなニュアンスについての新たな発見もあるでしょう。

ただし、低学年段階においては文字を読みながら書くことは難しく、時間もかかります。そのため、視写させる意味と価値のある部分を教師が教材分析をもとに厳選し、子どもたちに示すことが重要です。

視写させる部分を選ぶ観点は教材によって異なりますが、物語や人物の設定に関わる部分や繰り返しと変化のあるフレーズ、人物の気持ちが表現された会話文など、イメージをつくらせるうえで大切だと思われる部分などを取り上げるといいでしょう。

●絵と文とを対応させる

書かれていることをきちんと受け取って頭の中に映像化することができるようにするためのステップとして、映像化されたもの（挿絵）が、本文の叙述のどの部分にあたるのかを対応させていく活動を設定します。入門期の文学教材には挿絵が多く添えられており、場面の様子が叙述に沿ってイメージしやすくなっています。挿絵を活用してことばとイメージとの間を往復させることで、子どもたちはことばからイメージを立ち上げる力をつけていくでしょう。

語彙が少ない子どもたちにとっては、様子や行動を表すことばからそれらのイメージをもつことが難しい場合があります。それぞれのことばの意味を絵と照らし合わせながら理解したり、叙述の主語と述語を押さえ、「誰がどうする」や「何はどんなだ」といった基本的な内容を全体で共有化したりしていくことも、〈イメージをつくる力〉を育むためには効果的です。

（2）〈イメージを広げる力〉を育てるためには？

「書かれていないことを文脈から想像する力」を育てるためには、次のような学習が有効であると言えます。

●音読

音読には、書かれていることを音声化して理解することを目的としたものと、書かれていることと自分の経験や知識とを結びつけて解釈し表現することを目的としたものがあります。後者の場合、子どもたちは本文にははっきりとは書かれていない、場面の様子や登場人物の気持ちを想像したうえで、自分の声の強弱、抑揚、速度や間のとり方などをコントロールしながら工夫して音読をします。それぞれの解釈が表れた音読を聞き合うことで、イメージの違いに気づいたり、解釈を深めたりすることができます。

そのために、教師が声量や抑揚、速度や間のとり方を変えて読んだり、子どもたちに読ませたりして、その違いを比べさせます。また、比べた結果、なぜその音読の方がよいと思ったか、その理由を問います。こうすることで、子どもたちはそれぞれの解釈と音読によって表現されたものとが関わり合っていることに気づくでしょう。

●動作化

作品の登場人物になりきって動作化をすることで、子どもたちは登場人物の行動や気持ちを追体験することになります。登場人物の目で物語世界を見聞きし、感じることで、挿絵を見たり音読をしたりするだけでは広げることのできなかったイメージを豊かにすることができるのです。挿絵は静止画ですが、動作化をすることによって、子どもたちの読みの視点に「時間の流れ」が加わります。また、実際に体を動かすことで、人物同士の距離感や動きの速さ、表情などもより具体的にイメージに加わってきます。

ただし、子どもたちの中には、叙述に即していない行動や、妥当性のない解釈による動作をする子も出てくるでしょう。そのときには、本文に立ち返り、ことばとことばをつなぎあわせながら、文脈に即した解釈へと練り上げていく必要があります。

●絵を描く

入門期の文学教材には挿絵が多く載せられていますが、すべての場面や文にそれぞれ挿絵がつけられているわけではありません。場面によっては、挿絵がないものもあります。そこで、子どもたちにその場面にぴったりの絵を描かせる活動をしくむことをしてみるとよいでしょう。絵を描くためには、誰が何をしているか、どんな様子であるかを叙述からきちんと読み取る力はもちろん、どんな表情なのか、周りの状況はどうであるのか、どんな位置関係にあるのかなどを叙述を根拠として想像する力が求められます。

また、絵に色を塗る活動も、イメージを広げるには有効です。たとえば、「はなのみち」（岡信子作、光村図書一年上）には、ほぼ同じ構図による「冬の野原」の絵と「春の野原」の絵が添えられています。塗り絵ができるようにしたものを子どもたちに配り、二枚の絵それぞれに色を塗らせれば、自然の色合いや動物たちの表情に着目することができ、森の気温の変化や動物たちの春を迎える喜びなどもイメージに加わってくるでしょう。

注意したいのは、絵を描いたり色を塗ったりすることそのものを目的とさせないことです。教師が、子どもたちに何に気づかせたいか、どんなイメージをふくらませたいかを教材研究の時点で明らかにしておき、子どもたちの読みの視点がそこに向かうようにすることが大切です。


他にも、〈イメージをつくる力〉〈イメージを広げる力〉を育むための学習活動は多く考えられます。（その他の活動については、第2章でも触れます。）先述したように、この二つの力は密接に関係し合っています。そのため、「視写」や「絵と文の対応」が〈イメージを広げる力〉を高めることもありますし、「動作化」や「絵を描く活動」が〈イメージをつくる力〉を養うこともあります。**それぞれの学習活動のねらいと特徴を、単元目標、本時目標と照らして考えるのがよいでしょう。**

4 入門期の文学教材の特徴とは？

入門期の子どもたちの実態に合う《イメージする力》を育む文学教材には、どのような特徴があるか確認していきましょう。

教科書に掲載されているのは、学習指導要領に基づき、子どもたちに力をつけるための材料として厳選された文学作品です。教科書会社によって様々な文学作品が教材として採択されていますが、それらには共通した特徴があります。入門期の文学教材の特徴を見ていきましょう。

① 挿絵のつながりで話の大体がわかる

一年生の文学教材は、絵本を原作としているものがほとんどです。挿絵だけを追っていっても、物語の筋が読み取れるようになっています。たとえば、「はじめは『や！』」（香山美子作、平成27年度版学校図書一年下）では、登場人物である「くまさん」と「きつねさん」の行動や関係性の変化が、挿絵に描かれた人物同士の距離や表情によって読み手にわかりやすく表現されています。

しかし、国語科の授業で挿絵だけを見ていくのでは、《イメージする力》を育むことができ

入門期の文学教材の特徴

① 挿絵のつながりで話の大体がわかる

② 短文によって構成されている

③ 人物の行動が順を追って書かれている

④ リズムのある文体で音声化が快い

ません。挿絵が描かれていない場面についても、ことばから場面の様子を想像させる必要があります。教科書では叙述と挿絵を対応させやすくするために、挿絵の配置やページの割り振りが工夫されています。

② 短文によって構成されている

入門期の子どもたちは、ことばとことばとをつなぎ合わせて意味を認識する力が十分には育っていません。一文が長いと混乱し、内容の理解が難しくなります。そのため、教科書では短文を重ねて文章が構成されています。また、主語と述語が明確に書かれていることも特徴の一つです。たとえば、「はなのみち」（岡信子作、光村図書一年上）では、「くまさんが、ふくろを　みつけました。」「くまさんが、ともだちの　りすさんに、ききに　いきました。」「あたたかい　かぜが、ふきはじめました。」というように、すべての文が二語から五語でできています。基本的な文型によって主語と述語が書かれることで、それぞれの文の意味をとらえ、イメージをつくりやすくなっています。

一方で、文が簡潔だと具体的なイメージを広げにくいという側面もあります。「はなのみち」は、「くまさんが、ふくろを　みつけ」たことから物語が始まり、次の場面では、「りすさんに、ききに」いく場面になります。また次の場面では、「くまさんが、ふくろを　あけ」る場面になりますが、それらの間にふくろを見つけたくまさんがりすさんに聞いてみようと思いついたことやくまさんがりすさんに話しかけたことばなどは、はっきりとは語られていません。また、物語は「誰がどうした」「何がどうした」という出来事と人物のせりふのみで構成されているため、どのくらい時間が経ったのか、くまさんがどんな気持ちでいるのかといったことは、本文からだけではイメージを広げることが難しいと言えます。読者は、挿絵などの助けを借りながら、本文に書かれていない場面の様子や人物の気持ちなどを想像していく必要があります。

③ 人物の行動が順を追って書かれている

低学年では「順序に気をつけて読むこと」も大切な指導事項として挙げられています。なぜ低学年では「順序」を扱うのでしょうか。それは、順序に目を向けさせることで、部分と部分とのつながりが見えてくるからです。自分の興味のあるところに焦点を当てて部分的に読む傾向の強い入門期の子どもたちに、順序を意識して読ませることで、子どもたちはストーリー全体のつながりを理解し、物語のあらすじ（説明的文章においては説明の概要）をとらえることができるようになるのです。順序の中でも「時間的な順序」は、つながりが特にわかりやすいと言えるでしょう。ですから、入門期の文学教材には、登場人物の行動が順を追って描かれているものが多くあります。たとえば、「サラダでげんき」（角野栄子作、平成27年度版東京書籍一年下）では、登場人物の行動を時間軸に沿って順に読んでいくことで、だんだんサラダができあがっていく様子や、完成するまでの主人公の気持ちの高まりなど、全体をつなげてとらえることができます。

ただし、低学年では物語全体を一度に扱う授業よりも、場面ごとに解釈を深める授業展開をとることが多くあります。その際には、これまでに学習したことを掲示するなどして場面と場面とのつながりを意識させるための手立てを取り入れることが大切です。

④ リズムのある文体で音声化が快い

子どもたちは国語の授業の中で、また家庭での学習でも、文学教材を何度も繰り返し音読することになります。そのため、入門期の文学教材は、音読をしたときに快さを感じられるよう、繰り返しのおもしろさやことばの歯切れのよさ、リズムのよさなどを味わえる文体で書かれる傾向があります。声に出す喜びを感じながら学習していくうちに、語や文のまとまりやことばの響きを感じて音読する力が自然とついていくよう工夫されているのです。たとえば、「おむすびころりん」（羽曽部忠作、光村図書一年上）では、「やまの　はたけを（七音）　たがやして（五音）」「おなかが　すいた（七音）　おじいさん（五音）」というように、七五調の語りによって文章が構成されており、子どもたちはリズムを楽しみながら音読することができます。

ただし、子どもによっては語の意味をとらえないまま音の羅列として音読してしまうこともあります。すらすらと読めていると、教師も子どもも満足感をおぼえやすいのですが、文字と音とを対応させることが大切です。文字のまとまりをことばとして認識する力を高めるためには、暗唱していたとしても、教科書の本文を目で追いながら読む習慣をつけたいものです。

【引用・参考文献】

・『小学校学習指導要領解説　国語編』二〇〇八、東洋館出版社
・新村出編『広辞苑』（第六版）二〇〇八、岩波書店
・大村彰道監修　秋田喜代美・久野雅樹編集『文章理解の心理学　認知、発達、教育の広がりの中で』二〇〇一、北大路書房
・須田実編『「楽しく分かる」文学教材の授業選集　小学校1年』一九九四、明治図書
・西郷竹彦『西郷竹彦　教科書指導ハンドブック　子どもの見方・考え方を育てる　1年の国語―小学校光村版指導書』一九八七、明治図書
・加藤憲一『文芸研　授業研究ハンドブック③　入門期の国語の授業』一九八五、明治図書
・田近洵一・井上尚美編『国語教育指導用語辞典』一九八四、教育出版
・『小学校国語　学習指導書　一上　かざぐるま』二〇一五、光村図書

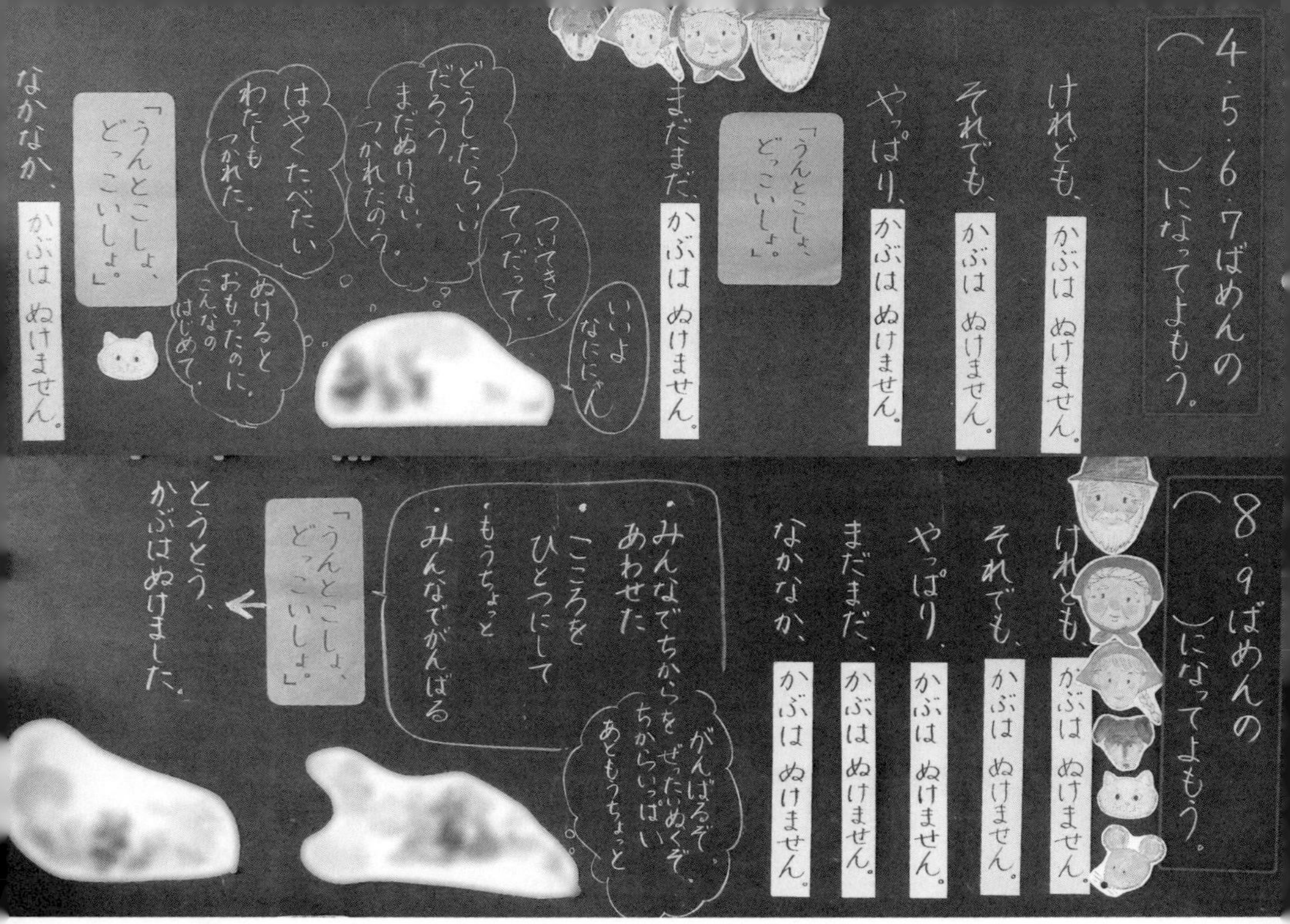

第1章

教材を分析・解釈する力を高めよう

1

読者として教材と出合おう

教材研究とは、**「教材の分析・解釈」**と**「指導方法の構想」**のことです。指導方法を構想していくためには、何よりもしっかりとした教材の分析・解釈が重要です。

私たち教師は、授業を計画する際に、まず指導すべきこと、教えるべきことは何かを探しがちです。手っ取り早いのは、教科書の指導書を開くことでしょう。指導書を見れば、単元だけでなく、一単位時間の目標もすぐにわかります。また、教材の中の重要な語句やその意味までも解説してあり、大変便利です。十分に教材研究されている指導書に書いてある指導案通りの授業を行っていくことで、指導者としては安心することができます。

しかし、そのような授業を積み重ねていくことは、授業づくりにおける多くの弊害を生み出しかねません。

第一に、子どもたちが授業を楽しいと感じなくなります。一体、なぜでしょう。

それは、指導者の目線で授業がつくられているからです。指導者の目線でつくられた授業は、誘導的になりがちです。子どもたちに「言わせよう」「気づかせよう」とするあまり、結果的に子どもたちが自分の解釈について考えるのではなく、指導者の頭の中にあることばを言い当てることに躍起になってしまうことがしばしばあります。そうなると、少数の理解できる子だけが発言する授業になってしまいがちです。

第二に、「何を指導すべきか」から始まる教材分析を行っていくと、物語を読む読者の心の動きや感動を感じにくくなります。

教科書に掲載されている物語の多くは、教材にするために書かれたものではありません。文学は、私たち読者に読むことを通して、他者と出会わせ、自己を見つめさせ、人間の本質を感じ取らせます。教室の子どもたちもまた教材として文学と出会い、読者として心を動かされています。そして、学習へと突き進む原動力を得るのです。その心の動きを理解することこそ、学習者である子どもたちの目線で授業をつくる力へとつながっていきます。

▲指導者として出合う
文学の教材研究のスタート

▲読者として出合う
文学の教材研究のスタート

第三に、教科書の指導書任せの教材研究を続けていくことで、指導者自身の教材を分析・解釈する力を高められなくなります。

文学的な文章は、すべてのことばがつながり合い、響き合って、物語の世界を読者の頭の中に描き出します。物語を読んで生まれた一つの感情やイメージは、いくつもの文章中のことばがつながって生まれたものです。指導者自身が一人の読者として物語と向き合い、自分の中に生まれた感情やイメージがどのことばから生まれてきたものかを考え、その理由を考えていくことこそが教材を分析・解釈する力へとつながっていくのです。そうすれば、教科書の指導書に載っている重要語句が挙げられている理由もわかるようになりますし、指導書に頼らなくても指導者自身で見つけられるようになっていきます。

教材研究のスタートは、まず一人の読者として作品を読んでみましょう。そして、心に感じたことの根拠と理由を作品の中に探していきましょう。

2

教材「おおきなかぶ」を読んでみよう

まず、「おおきなかぶ」を読んでみましょう。指導者として解説つきの文章を読むのではなく、一人の読者として物語「おおきなかぶ」を読みます。どんなイメージが広がり、どんな思いが浮かんできましたか。

「おおきなかぶ」を読んで悲しい気持ちや暗い気持ちになる人は、おそらくいないでしょう。読んでいくうちに自然と笑みがこぼれ、すっきりとしたいい気持ちで読み終えることができます。何だか楽しくなって、もう一度初めから読みたくなってしまうのではないでしょうか。

このことは、大人だけでなく、学習者である子どもたちも同じです。初めて「おおきなかぶ」を読んだ子どもたちの感想の一部をご紹介します。

Ⓐ「うんとこしょ、どっこいしょ。」がおもしろかったです。
Ⓑすごくすごくおおきなかぶがぬけて、よかったなとおもいました。
Ⓒさいごにねずみがきて、みんなでいっしょにぬいて、たのしかったです。

Ａの感想をもった子は、繰り返し出てくる「うんとこしょ、どっこいしょ。」ということばの響きやリズムにおもしろさを感じたようです。多くの読者にとって、声に出して読みたくなる印象的なフレーズです。

Ｂの感想をもった子は、この物語の重要アイテムであるかぶが、ただのかぶではなく、「すごくすごくおおきな」ものであることを実感し、それが抜けたことに満足感をおぼえています。

Ｃの感想をもった子は、人物の登場順と様々な人物が力を合わせてかぶを抜いたことに妙味を感じています。もしかすると、最後にねずみが出てきてかぶが抜けるという展開は、この子にとって意外性のあるものであったのかもしれません。

いかがでしょうか。初めて「おおきなかぶ」を読んだ一年生の子どもたちも、私たち大人と変わらないような感想をもっていると思いませんか。それは、この作品が生まれた背景や構造などに、私たち読者にそう感じさせるひみつがあるからなのです。

(1)「おおきなかぶ」はどのようにして生まれたの？

ロシア民話である「おおきなかぶ」は、口頭で語り継がれてきたものを、採話者が各地を歩いて集録し、再話したものです。アレクサンドル・アファナーシエフや、アレクセイ・ニコラエヴィッチ・トルストイによるものがよく知られています。

物語は、おじいさんがかぶを植えるところから始まります。おじいさんが育てたかぶは、とてつもなく大きくなり、おじいさん一人では抜くことができません。おばあさんが加わり、まごが加わり……それでもかぶは抜けません。いぬが加わり、ねこが加わり、最後にねずみも加わって、「うんとこしょ、どっこいしょ。」、みんなで力を合わせます。ついに大きなかぶが抜け、物語は大団円を迎えます。

ロシアでは、一九世紀半ばから「おおきなかぶ」の再話が繰り返し出版されてきました。ペテルブルグ市の図書館だけを見ても、再話者の名前が記載されていないものも含め、四三種類のテキストが存在するそうです。日本では、トルストイの再話が一九六二年に福音館書店から「こどものとも」のシリーズの一つとして出版されました。内田莉莎子氏が翻訳し、佐藤忠良氏が挿絵を描いています。

(2)「おおきなかぶ」が教科書教材になったのはいつ?

「おおきなかぶ」の教科書教材としての歴史は長く、初めて掲載されてから六〇年が経っています。一九五五年に学校図書の『しょうがっこうこくご一年・中』に「大きなかぶら」として採択され、一九七〇年代から、すべての小学校一年生の国語教科書に掲載されることになりました。現在では、教科書会社五社（光村図書、東京書籍、教育出版、学校図書、三省堂）の第一学年の教科書すべてに掲載されています。「みんなでかぶを抜く話」と言ってしまえばそれまでのこの物語が、長い間読み継がれてきたのは一体なぜなのでしょうか。「おおきなかぶ」の魅力、そのひみつについて、教材を分析・解釈していきましょう。

3 「おおきなかぶ」の魅力を発見しよう

すべての教科書の入門期に位置づけられている「おおきなかぶ」。その教材としての魅力は、どんなところにあるのか考えてみましょう。

「おおきなかぶ」という作品が読者を引きつけて離さない魅力は、大きく三つ挙げられます。一つ目が、**「繰り返しと変化」**があること、二つ目が**「リズムのよさ」**、そして、三つ目が**「物語が感じさせるテーマ性」**です。それぞれのひみつを、探っていきましょう。

(1) 魅力1　繰り返しと変化

繰り返しは、古今東西の多くの童話に登場する技法です。たとえば、「桃太郎」では、桃太郎が動物に出会う→きびだんごをあげる→仲間になるということを、犬・猿・雉で三回繰り返します。また、あまり知られていませんが、「白雪姫」の女王は、白雪姫を探しに三回変装し

「おおきなかぶ」の教材としての魅力

魅力1 繰り返しと変化

しかけ① 人物の加算

しかけ② 登場人物の関係性

しかけ③ 効果的な接続詞・副詞

魅力2 リズムのよさ

魅力3 物語が感じさせるテーマ性

て出かけます。ひも・くし・りんごを使って三回殺害を試みているのです。他にも、「三びきのこぶた」、「三枚のおふだ」、「三びきのやぎのがらがらどん」など、繰り返しの構造をもつ物語は多くみられます。繰り返しの構造は、物語を構成する一つの様式と言えるでしょう。

幼児期から入門期の子どもたちに好まれる物語に、繰り返しの構造が多く用いられているのには、理由があります。

一点目は、**物語のつながりがわかりやすくなる**ことです。序章で、入門期の読みの特徴として部分的に読む傾向が強いことを述べました。繰り返しの構造を用いて物語が描かれることで、子どもたちは自然に場面と場面とを比べて読み、同じところ（繰り返されていること）と違うところ（変化したこと）を理解していきます。それにより、場面と場面とのつながりがわかりやすくなり、物語のあらすじや全体像をとらえやすくなるのです。

二点目は、**物語の展開を予測しながら読める**ことです。繰り返されることで、次も同じようなことが起こるだろうと子どもたちは考えます。けれども、行為や対象、結果など、必ずどこかにそれまでとは異なる部分が出てきます。子どもたちは、繰り返しの中にどんな変化があるのかを予測しながら物語を読むことになります。そして、予想が当たる喜びや意外な展開への驚きに胸を躍らせるのです。

さて、先に挙げた例でもわかるように、繰り返しは三回までがセオリーとなっています。しかし、「おおきなかぶ」では、「引っぱる↓抜けない↓呼んでくる↓引っぱる↓……」という行為が六回繰り返されます。本文には、次の四文が、登場人物と接続詞のみを変えて、まったく同じ文型によって書かれています。(以下、平成二十七年度版光村図書一年上より引用。)

①～は、―をよんできました。
②～を―がひっぱって、
③「うんとこしょ、どっこいしょ。」
④――かぶはぬけません。

同じ文型によって、同じ行為が六回(おじいさんがかぶを引っぱるときは①の文がなく、文型が異なるので、正確には五回)も繰り返し語られるのです。こんなにも繰り返されると普通は冗長になってしまいますが、私たちは飽きることなく楽しみながら最後まで読むことができます。それはなぜなのでしょうか。実は、この作品の繰り返しの構造には、読み手を飽きさせないしかけがあるのです。

●しかけ①　人物が増えていく

しかけの一つが、「人物の加算」です。最初は一人でかぶを引っぱるおじいさんですが、一人、また一人と、かぶを引っぱる人物が増えていきます。繰り返しの中に「人物の加算」という変化があり、しかも、登場人物が大きなものから小さなものになっていくのです。かぶを引っぱる人数が増えることで、引っぱられているかぶのイメージもその大きさを増していきます。「一人ずつ加わる」「大きなものから小さなものへ」という繰り返しと変化に気づく子どもたちは、「次のページもきっと、一人増えるよ」「誰を呼んでくるのかな」など、物語の展開を予測しながら読むことができます。

また、人物の加わり方にも一工夫が見られます。まず、人間の登場人物によって、引っぱる↓抜けない↓呼んでくる……という行為が三回繰り返されます。これはセオリー通りです。「三回繰り返してそれでもまだかぶが抜けない、まごより小さい人物となると……?」と、読者は次の場面の予測に少し困ることになります。そしてまさかの、いぬの登場です。この意外な展開によって、読み手は物語に引きつけられ、動物たちが加わっていく残り三回の繰り返しも、わくわくしながら読み進めることができるのです。

また、人物が加算されることで、「〜を—がひっぱって」という主語と述語や人物の位置関係について繰り返し学習できることも、教材としての魅力の一つです。大人にとっては、「〜

を」は目的となる対象を示し、「―が」は主語を示していることは当然理解できることばの使い方です。

しかし、子どもたちの中には、そのとらえが明確に理解できにくい子もいます。「～を―がひっぱって」の文型を繰り返し音読し、イメージ化することで、主語と述語の関係や、どの人物がどの人物を引っぱっているかという位置関係を学習できます。これは、入門期の子どもたちにとって、意義ある学習であると言えるでしょう。

●しかけ② 意外な登場人物

六人の登場人物の関係性にもしかけがあります。普通、いぬとねこは「仲が悪い」というイメージを私たちはもっています。また、ねことねずみというのは、アニメなどでも戯画化されているように「食う↕食われる」という関係にあります。そのような関係性をもつ登場人物たちが、この作品では、「うんとこしょ、どっこいしょ。」とみんなで声と力を合わせてかぶを抜くのです。登場する人物の順番に意外性を感じることで、物語の繰り返しにも飽くことなく最後まで楽しめるのです。

ちなみに、おばあさんはなぜ自分の子ども（まごにとっての父あるいは母）ではなくまごを呼ぶのかという疑問も出てきます。これについては諸説ありますが、ロシア語の原文で音読する場合、リズム・音韻にぴったりなのが、「まご（孫娘）」ということばであるためと言われています。

●しかけ③　効果的な接続詞・副詞

物語は、「引っぱる→抜けない」の繰り返しです。その「抜けない」という結果の前に一回一回変化して書かれているのが、「けれども」「それでも」「まだまだ」といった接続詞・副詞です。読み手は、登場人物が一人増えるたびに、「今度こそ抜けるかな?」という期待をもって「うんとこしょ、どっこいしょ。」と登場人物といっしょにかぶを引っぱっている思いで物語を読み進めます。そこに出てくるのが、これらのことばです。「けれども」ということばが出てくると、「抜けない」という登場人物の残念な気持ちが想像され、次の展開を楽しみにしながらページをめくることになります。

かぶを引っぱる人数が多くなるにつれ、読み手の興奮の度合いは上がっていきます。「なかなか、かぶは　ぬけません。」という一文を読むころには、必死になって「うんとこしょ、どっこいしょ。」と心の中で応援しているでしょう。期待を裏切る結果へとつながるこれらの接続詞・副詞が変化しながら出てくることによって、「一体、いつになったら抜けるんだ!」という読者の思いが強まるのです。そして、「とうとう、かぶは　ぬけました。」の結末に至ったときの喜びは一種のカタルシスとなります。

(2) 魅力2 リズムのよさ

「おおきなかぶ」は、ぜひ声に出して味わいたい作品です。物語はリズムのよいことばによって紡がれ、ことばの響きを感じて心は弾みます。

ロシア語の原文では、意識的に押韻が取り入れられ（ロシア語の発音では、おじいさんは「ヂェートゥカ」、おばあさんは「バープカ」、孫娘は「ヴヌーチカ」、飼い犬につけられた名前は「ジューチカ」、ねこは「コーシカ」、ねずみは「ムイシカ」となるそうです）、ことばの響きが美しくなるように工夫されています。

もちろん、ロシア語を日本語に直訳しただけでは、原文がもつリズムや響きの美しさや楽しさを味わえる文章にはなりません。訳者が大変苦労して、日本語版「おおきなかぶ」をつくり上げたことがうかがえます。たたみかけるように出てくる「〜を─がひっぱって、〜を─がひっぱって」。だんだんと人数が増えていく「うんとこしょ、どっこいしょ。」。そして、読者にじれったさを感じさせる「──かぶはぬけません。」。繰り返されることばの響きやリズムを感じて音読するうちに、読み手は物語の世界に入り込んでいきます。

日本語版「おおきなかぶ」を声に出して読むときの快さには、ちゃんとした理由があります。「ねこを　ねずみが（七音）　ひっぱって（五音）」、「うんとこしょ（五音）、どっこいしょ（五音）。」「まだまだ、かぶは（七音）　ぬけません（五音）。」というように、**七五調を基本として文が書かれている**のです。

また、**同じ文型を繰り返す**ことで自然とリズムが生まれてきます。多くの訳者によってこの物語は訳をされていますが、どの訳においても、ロシア語のリズムが生かされるようにことばの並びや文型に気が配られています。

(3) 魅力3 物語が感じさせるテーマ性

物語は、おじいさんがかぶを育てて、大きくなったかぶを抜くという単純な内容です。しかし、そこには人間の最も基本的な生き方である生産と勤労、そして協力する姿が描かれています。

「あまい あまい かぶに なれ。おおきな おおきな かぶに なれ。」と作物の成長を願うおじいさん。その姿は、一年生の子どもたちが生活科で植物を育てた経験と重なるかもしれません。そして、自分が大切に植物に水やりをした経験が、「とてつもなく大きな」かぶにまで成長させたおじいさんの思いや苦労へとイメージを広げてくれるでしょう。

大きく育ったかぶを収穫する場面になると、登場人物たちは世代や種を超えて協力し合います。協力することによって、途中で不可能にも思えたことも成し遂げることができるのです。苦労した分だけ、収穫の喜びや達成感もひとしおでしょう。物語のあとで、登場人物たちが喜び合ったことは、子どもたちでも容易に想像できます。

作物を育て、収穫するまでの願いや苦労、協力することによって得られる大きな収穫など、

「おおきなかぶ」を読むことを通して、入門期の子どもたちにも**人間としてあるべき姿を感じ取らせることができる**のです。

このように、繰り返しと変化の中にあるいくつかのしかけや、ことばの響き・リズムのよさ、また、物語が感じさせるテーマ性が、「おおきなかぶ」という作品の魅力につながっていると言えるのです。

4 教材「おおきなかぶ」の特性を分析しよう

ここまで、「おおきなかぶ」の教材としての魅力を発見してきました。ここからは、五社の教科書会社の訳・挿絵を比較することでこの教材の扱われ方について知り、国語科における文学教材としての「おおきなかぶ」の特性を分析していきましょう。

(1) 訳の違いを比べよう

現在教科書に採択されている「おおきなかぶ」には、二種類の訳があります。光村図書に掲載されている西郷竹彦氏によるものと、東京書籍、教育出版、学校図書、三省堂に掲載されている内田莉莎子氏によるものです。西郷氏はアファナーシェフの再話を、内田氏はトルストイの再話を翻訳しています。どちらの再話も、物語の展開は同じですが、訳の表現の違いによって、読み手がつくり広げていくイメージは異なってきます。

【西郷訳と内田訳の主な違い】

	西郷訳（光村図書）	内田訳（絵本）
一文目	おじいさんが、かぶの　たねを　まきました。	おじいさんが　かぶを　うえました。
かぶの様子	あまい　あまい　おおきな　おおきな かぶ	あまい　げんきのよい　とてつもなく おおきい　かぶ
	かぶ**を**　おじいさん**が**　ひっぱって、 おじいさん**を**　おばあさん**が**　ひっぱって、……	ねずみ**が**　ねこ**を**　ひっぱって、 ねこ**が**　いぬ**を**　ひっぱって……

語りの順序	**～を—がひっぱって** （列の先頭であるかぶ・おじいさんが起点） 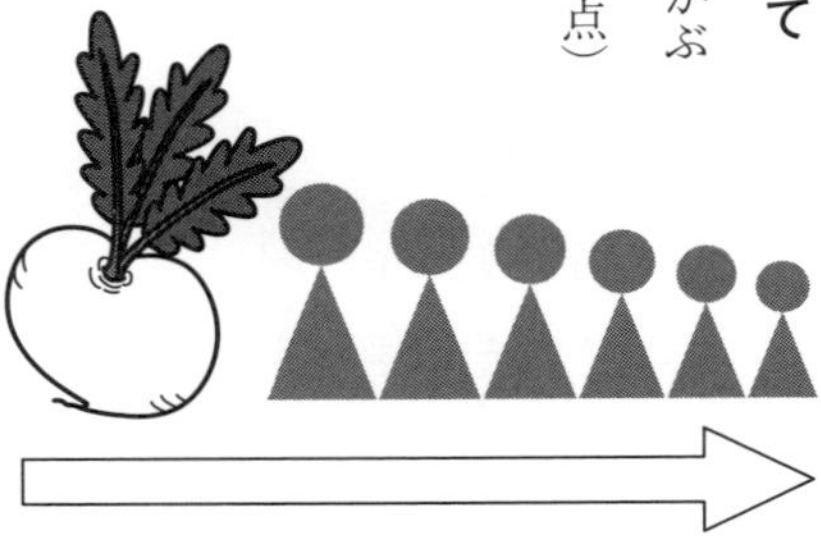	**—が～をひっぱって** （列の最後の人物が起点） 
つなぎことば	**けれども、**かぶは　ぬけません。 **それでも、**かぶは　ぬけません。 **やっぱり、**かぶは　ぬけません。 **まだまだ、**かぶは　ぬけません。 **なかなか、**かぶは　ぬけません。 **とうとう、**かぶは　ぬけました。	**ところが**　かぶは　ぬけません。 **それでも**　かぶは　ぬけません。 **まだ　まだ**　かぶは　ぬけません。 **まだ　まだ　まだ**　ぬけません。 **それでも**　かぶは　ぬけません。 **やっと、**かぶは　ぬけました。

訳の違いを比べる前に、それぞれの訳者の思いをみてみましょう。

西郷氏は、「訳者の言葉」で次のように語っています。

この民話は、最後に小さなねずみが登場してかぶが抜けるというところに感動の中心があります。つまり、小さな存在の大きな役割をクローズアップしたところにあります。そのねずみのイメージを引き立てるために、かぶが抜ける直前にねずみが引っぱった方がより効果的です。（「訳者の言葉」平成二十七年版『小学校国語　学習指導書　一上　かざぐるま』光村図書）

この言葉からもわかるように、西郷氏は「作品のテーマ」に重きをおいて訳されたようです。小さな存在であるねずみが加わったことで、なかなか抜けなかった大きなかぶが抜けた、その感動を際立たせるように語順やつなぎことばが考えられています。

一方、内田氏は、「大きなかぶ」を翻訳するにあたっての思いを次のように述べています。

手さぐりで恐る恐る仕事をしていた私でしたが、『おおきなかぶ』にはまったく困りました。テキストは実に簡単です。それでいて一見散文のような形に見えながら、見事に韻をふんだ詩になっています。そのまま忠実に訳したところで、とても日本語の文章として成り立ちません。

訳者としてできることは何だろうと考えました。そして韻をふんだ訳は無理としても、せめてリズムのある訳をしたい、そして一生けんめいかぶをひっぱる力強さを表現できたらと思いました。

（日本児童文学者協会編『国語教科書攻撃と児童文学』一九八一、青木書店）

内田氏は「リズムのよさ」を重視して訳をされたようです。ロシアで長年親しまれてきたこの物語のもつリズムと、そのリズムから生まれる心地よさを何とか日本語でも再現しようとされています。語りの語順は、ロシア語原文と同じようになっています。

それぞれの訳者の思いと特徴について一言でまとめると、以上のようになります。ただしあくまでも「一言でまとめると」であって、もちろん、西郷氏も「リズムのよさ」に気を配られたでしょうし、内田氏も「作品のテーマ」について熟慮されたことでしょう。ここからは、それぞれの訳から生まれるイメージの違いについて、考えていきたいと思います。

①「たねをまく？」「かぶをうえる？」

物語の始まりの文の違いを比べてみましょう。西郷氏の訳では、「おじいさんが、かぶのたねを　まきました。」、内田氏の訳では、「おじいさんが　かぶを　うえました。」となっています。

ロシア語の原文では、「パサヂーチ」という単語が使われています。この単語は、「植物の植え付けをする」という意味があるほか、「(席に）座らせる」、「(飛行機を）着陸させる」、「(衣服などにボタンを）とりつける」などの意味もあります。つまり、何かをどこかに固着させるという意味の単語のようです。ロシア語の辞典では「植える」については、「苗、種、球根などを土に埋め込む」ことだとされています。日本語では、「種を植える」ということばの使い方はされません。ロシア語の「パサヂーチ」は日本語の「植える」のことばが示す範囲より広い意味をもっていると言えます。

さて、西郷氏と内田氏の訳の違いに目を向けてみます。

西郷氏は、「かぶの　たねを　まきました。」とし、「種」の存在をはっきりと表しています。この訳を読んだ読み手は、おじいさんが「小さな種」を畑にまいていることをイメージします。この「小さな種」と、おじいさんのせりふに出てくる「おおきな　おおきな　かぶ」との対比により、おじいさんのかぶの成長に対する願いを強く感じることができるでしょう。

しかしながら、「まく」ということばからは、「一度にたくさんの種を散らばらせる」というイメージもつくられます。とすると、おじいさんがかぶに思いを込めて作付けをしているというイメージを広げにくくもなります。そこで、西郷訳が掲載されている光村図書の教科書では、この場面の挿絵に、「地面に指で穴をあけ、一粒一粒種を作付けするおじいさん」の様子が描かれています。こうすることで、西郷訳では、「小さな種」のイメージをつくりながら、おじいさんのかぶの成長に対する願いというイメージを広げることができるようになっています。

一方、内田氏は、「おじいさんが　かぶをうえました。」と訳しています。内田氏はこの訳について次のように語っています。

> 単純明快なお話を単純明快に訳そうと努力した。そして日本の子どもたちの共感を得た。訳者としてはそれで十分だと思っています。
>
> ところが、なかなかそれではすまされなくて、いろいろな質問や指摘がたえません。最も多いのは、「おじいさんが、かぶをうえました。」という文章に対するものです。かぶを植えるとはおかしい、かぶは種子をまくものではないか、という指摘です。（中略）
>
> しかし、私はここはやはり植えたとしたいのです。
>
> まくとうえるとではまったく違います。まくというのは複数の種子をぱらぱらまくことでしょう。でもうえるは、一つずつ土の中に埋めこむことです。ぱらっと種子をまいて、どうしてとてつもなく大きなすてきなかぶが育つでしょうか？　おじいさんが愛情をこめて一つぶの種子をうえた、となぜ考えられないのでしょうか。原文は、おじいさんが一つのかぶをうえました、となっています。
>
> （日本児童文学者協会編『国語教科書攻撃と児童文学』一九八一、青木書店）

内田訳とされている四社の教科書でも、この訳は統一されておらず、学校図書以外の三社は、「かぶの　たねを　まきました。」となっています。

いずれにしても、物語の導入部のイメージをつくったり広げたりする学習においては、かぶの種を大切に扱い、願いを込めて作付けをしているおじいさんの様子をとらえさせることが肝要であるといえます。

② 育ったかぶはどんなかぶ？

おじいさんが育てたかぶは、おいしく立派に育ちます。成長したそのかぶの様子を、西郷氏は、「あまい　あまい、おおきな　おおきな　かぶに　なりました。」、内田氏は、「あまい、げんきのよい　とてつもなく　おおきい　かぶが　できました。」と訳しています。

西郷氏の訳は、物語の冒頭部分「おじいさんが、かぶの　たねを　まきました。『あまい　あまい　かぶになれ。おおきな　おおきな　かぶになれ。』」に表れる、かぶの成長に対するおじいさんの願いと呼応しています。「あまい　あまい　かぶ」「おおきな　おおきな　かぶ」になるよう祈って、かぶを作付けしたおじいさん。きっと、雨の日も風の日もかぶを大切に世話したのでしょう。そうした苦労が実を結び、願いが見事叶ったことが、「あまい　あまい　おおきな　おおきな　かぶが　できました。」という一文からははっきりと読み取ることができます。西郷訳に触れた読み手は、この一文から、「願い通りに育ったかぶに対するおじいさんの喜び」へとイメージを広げることでしょう。

一方、内田訳では、「あまい、げんきのよい　とてつもなく　おおきい　かぶ」ができます。「げんきのよい」ということばからは、生き生きとしたかぶの様子がイメージされます。また、「とてつもなく　おおきい」という修飾からは、予想をはるかに超えたかぶの成長を感じることができます。内田訳によって表現されたかぶの様子に触れた読み手は、「あまりにも生き生きと育ったかぶに対するおじいさんの驚き」へとイメージを広げるのではないでしょうか。

気をつけたいのは、西郷氏の訳も内田氏の訳も、「おじいさんがかぶを植えた」あとすぐに、(「しばらくすると」や「やがて」などのことばはなく)「……かぶが　できました。」と書かれていることです。その間に数か月の時間の経過があることは、大人にとっては当然イメージされることですが、子どもたちにとっては想像が難しいかもしれません。特に、植物を栽培した経験のない子は、「かぶができる」までのおじいさんの営みについて全くイメージをもつことができないでしょう。かぶを植えてから成長するまでのおじいさんの様子について補完していき、かぶが育ったときのおじいさんの喜びや驚きへとイメージを広げる必要があります。

③ 語りの順序の違いは？

さて、両者の訳の最も大きな違いが、「かぶを引っぱる語りの順序」です。

西郷氏の訳では、

かぶ**を**　おじいさん**が**　ひっぱって、
おじいさん**を**　おばあさん**が**　ひっぱって、
おばあさん**を**　まご**が**　ひっぱって、
まご**を**　いぬ**が**　ひっぱって……、

内田氏の訳では、
ねずみ**が**　ねこ**を**　ひっぱって、
ねこ**が**　いぬ**を**　ひっぱって、
いぬ**が**　まご**を**　ひっぱって、
まご**が**　おばあさん**を**　ひっぱって、　……

と、逆の語りになっています。西郷訳では、列の先頭であるかぶ・おじいさんを起点として、大きい人物から小さい人物へとつながっていきます。対して内田訳では、列の最後尾である小さな人物を起点として、大きな人物へと視点が移っていきます（55ページの図参照）。この語りの順序の違いは、読み手がイメージをつくり広げることにどんな影響があるのでしょうか。物語のテーマ性、視点の転換、語順と助詞の三点について、それぞれの訳が読み手のイメージに与える影響と効果を考えていきましょう。

●物語が読者に与えるテーマ性

ロシア語の原文では、引っぱり方の描写は最後に加わった人物から始まる順序となっています。つまり、内田氏は順番を原文のままとしているのです。では、なぜ西郷氏は原文と順序を変えて訳をしたのでしょうか。

（前略）最後のところが、「おじいさんがひっぱって抜けました。」では、おじいさんのイメージが強くなってしまいます。

ねずみが出てきて、引っぱって抜けましたというと、ねずみのイメージがクローズアップされます。それは先ほど言いましたように、ただみんなで力を合わせたということではなくて、たとえ小さなものでも連帯すれば力を発揮するという大事な意味を強調することになります。そのためには、「ねずみが出てきて抜けました。」という順序になることが意味深いことなのです。

（西郷竹彦監修　文芸研編集『西郷竹彦・教科書（光村版）指導ハンドブック　ものの見方・考え方を育てる小学校一学年・国語の授業』二〇一一、新読書社）

「訳者の言葉」でもみたように、西郷氏は「おおきなかぶ」という物語のテーマ性を強調するために、語りの順を原文と逆にしたようです。確かに、西郷訳の「おおきなかぶ」に出合った読み手は、「かぶは　ぬけました。」という結末の直前にねずみの描写があることで、ねずみの姿がイメージの中で強調されます。そして、「小さな存在でも大きな役割を果たす」ことがこの物語のテーマとして強く印象づけられることになるでしょう。

ただし、内田訳だと、みんなで力を合わせてかぶを抜くということについてイメージがしにくくなるというわけではありません。この物語を読んだ子どもたちは、「協力」についてその価値を自然と感じることになると思われます。西郷訳では、「協力」だけでなく「小さな存在の役割」がより際立って読み手にイメージされるということです。

文学を扱う授業では、教師はその教材から伝わってくる価値についても、分析・解釈することが大切です。教師が読み手として抱いたイメージや思いと、子どもたちが抱くであろうイメージや思いの違いだけでなく、子どもたちが感じとる価値を考えながら、教材を研究していく必要があります。（ただし、価値のみに重きを置いた教材研究を行うと、道徳の授業のようになってしまう恐れがあるので、気をつけたいところです。）

●視点の転換

ここでは、読み手が物語のどの人物に視点をあてて読み進めるか、という点に注目して、語りの順序の効果を考えてみます。

たとえば、いぬがねこを呼んできて、みんなでかぶを引っぱる場面についてです。

まず、西郷訳では、「いぬは、ねこを　よんで　きました。」という文から、読み手は呼んでくるいぬとやってくるねこのイメージを頭の中に立ち上げます。しかし、次の文では、「かぶを　おじいさんが　ひっぱって、……」と、かぶとおじいさんが出てくるため、いぬとねこのイメージを一旦リセットすることになります。そして、かぶ↓おじいさん↓おばあさん↓まご↓……と視点が移っていき、やっといぬとねこが再びイメージに加わります。そして、視点がねこまでやってきたところで、次の文は「なかなか、かぶは　ぬけません。」。また視点が、かぶへと移ることになります。つまり、西郷訳では、呼ばれてくる人物↓かぶ↓最後尾の人物↓かぶと、読み手の視点の切り替えが三度行われるのです。

内田訳はどうでしょうか。「いぬは　ねこを　よんできました。」という文は西郷訳と同じです。読み手はいぬとねこをイメージします。次の文は「ねこが　いぬを　ひっぱって、……」と、呼ばれてきたねこが列に加わり、いぬを引っぱることになり、イメージは途切れることなくつながっていきます。そして、ねこ↓いぬ↓まご↓おばあさん↓おじいさん↓かぶと視点が移っていき、「それでも　かぶは　ぬけません。」という展開となります。ここでも視点は自然にかぶに移ることになり、読み手は物語の連続したイメージをつくり、広げやすくなります。

視点の転換という点で考えると、内田訳は、場面と場面とのつながりをイメージしやすくした工夫が見られます。西郷訳は、場面の移り変わりをよりはっきりととらえることができるかもしれませんが、読み手のイメージが途切れてしまわないように気をつける必要があります。

●語順と助詞

さらに、小学校一年生という読み手の発達段階に着目して、語順と助詞から生まれるイメージの違いについて見てみましょう。

一年生の子どもたちが一般的に習う文の語順は、「AがBをCする。」というものです。主語が文頭にあることで行動の主体が明確になり、イメージをつくりやすくなります。その点では、「ねずみが　ねこを　ひっぱって……」の文型で書かれている内田氏の訳の方が、わかりやすいと言えるでしょう。

しかしながら、西郷氏の訳ではイメージをつくりにくいというわけではありません。「BをAがCする。」という語順の文にも、子どもたちはこれまでの生活経験や読書経験の中で触れていることでしょう。西郷氏は、ねずみの存在を強調することを意図して「ねこを　ねずみがひっぱって……」という文となるよう、語順をあえて倒置しています。もちろん、「AがBをCする。」という文型と比較すると、「BをAがCする。」という文型は、イメージする際に知的な負担が余分にかかります。「Bを」という部分を読んでいるときにはまだ、「誰が」しているのかという行動の主体をイメージできないためです。

ですが、このような倒置型の文型に繰り返し触れ、その様子をイメージしながら、「が」・「を」という助詞の働きを理解することは、〈イメージをつくる力〉を育てるためにも大切な学習です。

どちらの訳においても、「誰が」「何を」「どうする」のかというイメージを、語順や助詞の働きに気をつけて明確にイメージさせることが求められます。

④ つなぎことば

四つ目の主な違いとして、各場面の最後の一文に現れるつなぎことば（接続詞・副詞）が挙げられます。登場するつなぎことばをまとめると、次のようになります。

西郷訳	内田訳
けれども、 かぶは　ぬけません。	**ところが** かぶは　ぬけません。
それでも、 かぶは　ぬけません。	**それでも** かぶは　ぬけません。
やっぱり、 かぶは　ぬけません。	**まだ　まだ** かぶは　ぬけません。
まだまだ、 かぶは　ぬけません。	**まだ　まだ　まだ　まだ** ぬけません。
なかなか、 かぶは　ぬけません。	**それでも** かぶは　ぬけません。
とうとう、 かぶは　ぬけました。	**やっと、** かぶは　ぬけました。

ロシア語の原文では、どの場面でも単に「かぶはぬけない」（英語のnot）となっているそうです。挿入されたつなぎことばは、両者とも基本的には七五調（〇〇〇〇かぶは（七音）ぬ

けません（五音）。）を意識したものになっており、文章のリズムを生むのに大きな役割を果たしています。

西郷訳は、「けれども」「それでも」「やっぱり」「まだまだ」「なかなか」「とうとう」と、すべて四音となるようにことばが選ばれています。対して内田訳は、「まだ　まだ　まだ　まだ」「やっと」を使い、つなぎことばの音数に変化が見られます。西郷訳では一定のリズムが刻む心地よさを味わいながら音読することができ、内田訳では物語の抑揚を感じながらことばの響きを楽しむことができるでしょう。

さて、西郷訳のつなぎことばの使われ方としておもしろいのが、「けれども」「それでも」という逆接の接続詞や「まだまだ」「なかなか」という思い通りにいかないことが予想される副詞だけでなく、「やっぱり」という「思った通りに」という意味の副詞が現れるところです。引っぱる→「けれども」抜けない、引っぱる→「それでも」抜けない、と二回繰り返したあと、引っぱる→「やっぱり」……というつなぎことばを目にする読者は、語り手とともに物語の続きを予測しながら読み、抜けないという予想通りの展開となることで、そのかぶの大きさを感じるでしょう。

（2）挿絵の違いを比べよう

入門期における挿絵の重要性は、序章でお伝えした通りです。「おおきなかぶ」においても、挿絵はイメージをつくり広げるために大きな役割を果たします。

四社の教科書の原典となっていると考えられる絵本（A・トルストイ再話、内田莉莎子訳、佐藤忠良絵、一九六二、福音館書店）には、十三の挿絵があり、それぞれ次のような場面の様子を描いています。

A　おじいさんがかぶを植え、成長を願っている。
B　あまいおおきなかぶができる。
C　おじいさんがかぶを抜こうとするが、かぶは抜けない。
D　おじいさんはおばあさんを呼んできて二人で引っぱるが、かぶは抜けない。
E　おばあさんがまごを呼んでくる。
F　三人で引っぱるが、かぶは抜けない。
G　まごがいぬを呼んでくる。
H　四人で引っぱるが、かぶは抜けない。
I　いぬはねこを呼んでくる。
J　五人で引っぱるが、かぶは抜けない。
K　ねこがねずみを呼んでくる。
L　六人でかぶを引っぱる。

Ｍ　かぶが抜ける。

しかし、教科書には絵本の十三枚すべての挿絵が掲載されているわけではありません。教科書の挿絵は、五枚から七枚となっています（光村図書六枚、東京書籍七枚、教育出版六枚、学校図書五枚、三省堂六枚。すべて平成二十七年度版）。別の画家の挿絵が使われている教科書もありますし、佐藤忠良によるものでも、絵本とは異なる絵が描かれていることがあります。

挿絵がある場面は、教科書によって様々です。物語を九つの場面に分け、それぞれの教科書がどの場面にどのような挿絵をつけているか（また、どの場面に挿絵をつけていないか）をまとめると次のようになります。

場面	内容	絵本の挿絵
一場面	おじいさんがかぶの種をまく（かぶを植える）。	Ａ
二場面	あまいおおきなかぶができる。	Ｂ
三場面	おじいさんがかぶを抜こうとするが、かぶは抜けない。	Ｃ
四場面	おじいさんはおばあさんを呼んでくるが、かぶは抜けない。	Ｄ
五場面	おばあさんはまごを呼んでくるが、かぶは抜けない。	ＥＦ
六場面	まごはいぬを呼んでくるが、かぶは抜けない。	ＧＨ
七場面	いぬはねこを呼んでくるが、かぶは抜けない。	ＩＪ

八場面　ねこはねずみを呼んでくる。みんなでかぶを引っぱる。　K L
九場面　かぶが抜ける。　M

	光村図書	東京書籍	教育出版	学校図書	三省堂
挿絵	ヴェ＝ローシン	佐藤忠良	佐藤忠良	佐藤忠良	太田大八
一場面	畑に指で穴をあけ種をまくおじいさん	×	×	×	×
二場面	×	大きなかぶを見上げているおじいさん	×	×	大きなかぶを前にしたおじいさん
三場面	○（一人）	×	○（一人）	○（一人）	×
四場面	×	○（二人）	○（二人）	○（二人）	○（二人）
五場面	○（三人）	やってくるまごのみ	○（三人）	×	○（三人）
六場面	×	○（四人）	×	○（四人）	○（四人）
七場面	いぬがねこを呼んできている。三人はかぶに腰かけて休んでいる。	いぬがねこを呼んできている。三人は挿絵にいない。	○（五人）	○（五人）	○（五人）
八場面	○（六人）	○（六人）	○（六人）	×	×
九場面	抜けた瞬間	抜けたあと喜んでいる	抜けたあと喜んでいる	抜けた瞬間	抜けた瞬間

○は、その場面の登場人物全員でかぶを引っぱっている挿絵があることを表しています。また、×は、その場面に対応する挿絵がないことを表します。ことばによる説明は、かぶを引っぱっている挿絵ではないものについて、どんな挿絵であるかを書いています。

ここからは、五社の教科書の挿絵について、「① かぶを植える場面」、「② かぶを引っぱる場面」、「③ かぶが抜けた場面」の三つに分けて、比較を行っていきたいと思います。

① かぶを植える場面

まずは、おじいさんがかぶを植え、そのかぶが大きく成長する一・二場面の挿絵を見てみましょう。

教育出版と学校図書は、この場面の挿絵を載せていません。この二社の教科書で学習する子どもたちが最初に目にする挿絵は、おじいさんが一人でかぶを引っぱる様子を描いたものです。文字からだけではイメージすることが難しい子どもたちに対しては、おじいさんがかぶを植え、そのかぶが成長したイメージをつくり広げるために、他社の教科書を用いる際よりも手立てが必要でしょう。しかしながら、挿絵がないことで、かえって「どんなふうにかぶの種をまいたのか」や「どんなかぶができたのか」について、自由にイメージを広げることができるのは、メリットであるとも言えます。

光村図書は、一場面に対応する挿絵として「畑に指で穴をあけ種をまくおじいさん」を載せています。光村図書の「おおきなかぶ」の絵を描いたのはヴェ＝ローシンというロシアの画家です。ローシンに挿絵の使用を依頼する際、光村図書の当時の担当者は、ロシア版にはない「畑に指で穴をあけ種をまくおじいさん」の絵を特別に注文したそうです。本文の「おじいさんが、かぶの　たねを　まきました。」だけでは、イメージがつくりにくい子どもたちへの配慮が感じられます。

東京書籍と三省堂は、二場面に「大きく成長したかぶとおじいさん」の挿絵を載せています。この絵に触れることで、子どもたちは、題名にもなっている「おおきなかぶ」がどんな様子であるのかイメージをつくりやすくなります。東京書籍のかぶは特に大きくデフォルメして描かれ、その大きさはゆうにおじいさんの背丈の二倍ほどあり、まるで木のようです。物語ならではのかぶの大きさに、子どもたちは胸をわくわくさせ、続きを読みたくなることでしょう。

② かぶを引っぱる場面

次に、人数を増やしながらかぶを引っぱる三から八場面の挿絵を比べてみましょう。大きな特徴として、「かぶを引っぱる様子のみを描いているもの」と、「かぶを引っぱる様子以外も描いているもの」の二つに分類できます。

教育出版、学校図書、三省堂の三社は、三から八場面について、対応する場面は様々ですが、どれも「かぶを引っぱる様子のみ」を挿絵として掲載しています。ページをめくるごとにかぶを引っぱる人物が挿絵に増えることは、子どもたちにとってとてもおもしろいしかけであるとともに、「引っぱる↓抜けない」という物語の繰り返しと変化をとらえやすくしてくれます。人物の増え方については、教育出版が一↓二↓三↓五↓六、学校図書が一↓二↓四↓五（↓六かぶが抜けた九場面）、三省堂が二↓三↓四↓五（↓六　かぶが抜けた九場面）となっており、人数に大きな飛躍がないため、連続性がイメージしやすいでしょう。

一方、光村図書と東京書籍は、「かぶを引っぱる様子以外」も挿絵として載せています。東京書籍は、五・七場面に「加わる人物」の挿絵を当てています。五場面には「やってくるまご」、七場面には「呼んでいるいぬとやってくるねこ」が描かれており、「……よんできました。」の叙述からイメージをつくる助けとなります。この挿絵により、「引っぱる↓抜けない」だけでなく、「引っぱる↓抜けない↓呼んでくる」という物語の展開がよりとらえやすくなるとともに、一人ずつ人数が増えていくダイナミズムを感じやすくなると考えられます。

光村図書は、七場面の「いぬは、ねこを　よんで　きました。」の叙述に対応する挿絵として、「ねこを呼んでくるいぬと、かぶに腰かけて一休みするおじいさん、おばあさん、まごの三人」を描いています。この「かぶに腰かけて休む三人」は本文中にことばとして書かれてはいません。しかしながら、いぬがねこを呼んできている間も、物語世界でおじいさんらは存在し何らかの行動をしているはずです。このような感覚は大人にとっては当たり前のことですが、《イメージする力》が十分育っていない子どもたちにはなかなか理解しがたいことです。この七場面の挿絵を見ることで、子どもたちは、「おじいさんはずっと引っぱっているから疲れているだろうな」「まごはいぬが誰を呼んでくるか楽しみにしているのかもしれないな」などと、書かれていないことを文脈から想像する（＝イメージを広げる）きっかけを与えられます。

③ かぶが抜けた場面

最後に、かぶが抜けた九場面の挿絵を見てみましょう。

この場面に対応する挿絵はすべての教科書に掲載されており、それらは、「抜けた瞬間を描いているもの」と「抜けたあと喜んでいる様子を描いているもの」の二種類に分けられます。三光村図書、学校図書、三省堂の三社の挿絵は、「かぶが抜けた瞬間」を表現しています。三社の画家はそれぞれ違いますが、どの挿絵も、抜けたおおきなかぶの全体像と引っぱっていた人物たちがしりもちをついているさまが描かれています。「とうとう（やっと）、かぶは　ぬけました。」という文とこの場面の挿絵とを結びつけて読むことで、みんなで抜こうとしていたかぶがどれほど大きいものだったのか、また、みんながどれだけ力を込めてかぶを引っぱっていたのかなどをイメージすることができます。

東京書籍と教育出版は、「かぶが抜けたあと喜んでいる様子」を描いています。東京書籍の挿絵では、おじいさんとおばあさんが肩を組み、他の人物も楽しげにかぶの上に乗っています し、教育出版の挿絵では、おじいさん、おばあさん、まご、いぬが仲良く手をつないだり肩を抱き合ったりし、ねことねずみはかぶの上でダンスを踊っているように見えます。この挿絵によって子どもたちは、「とうとう（やっと）、かぶは　ぬけました。」の先にある物語の広がりを感じることができ、喜び合う様子や交わすことばなどにイメージを広げていくことでしょう。

以上、五社の教科書の挿絵を比べて見てきました。どの教科書会社も挿絵の選定には意図があるはずです。子どもたちが挿絵を手掛かりに、イメージをつくりながら読むことで物語の広がりを感じ、想像することの楽しさを味わうことができるよう、教師は挿絵の扱われ方についても教材研究を行っていく必要があります。

【引用・参考文献】

・『小学校国語　学習指導書　一上　かざぐるま』二〇一五、光村図書
・日本児童文学者協会編『国語教科書攻撃と児童文学』一九八一、青木書店
・西郷竹彦監修　文芸研編集『西郷竹彦・教科書（光村版）指導ハンドブック　ものの見方・考え方を育てる小学校一学年・国語の授業』二〇一一、新読書社
・A・トルストイ再話、内田莉莎子訳、佐藤忠良絵『おおきなかぶ』一九六二、福音館書店
・中村三春「『おおきなかぶ』を抜くものたち」、田中実・須貝千里編『文学の力×教材の力　小学校編1年』二〇〇一、教育出版
・汐見稔幸「『おおきなかぶ』の教材としての教育的価値について」、田中実・須貝千里編『文学の力×教材の力　小

学校編1年』二〇〇一、教育出版
・田中泰子『「おおきなかぶ」のおはなし―文学教育の視点から』二〇〇八、東洋書店
・稲田八穂「『おおきなかぶ』の授業実践史」浜本純逸監修　難波博孝編『文学の授業づくりハンドブック第一巻』二〇一〇年、溪水社
・関可明「文学教材の指導①『大きなかぶ』」田近洵一・田宮輝夫・井上尚美編『たのしくわかる国語1年の授業』一九八八、あゆみ出版
・山住正己『教科書問題とは何か』一九八三、岩波書店

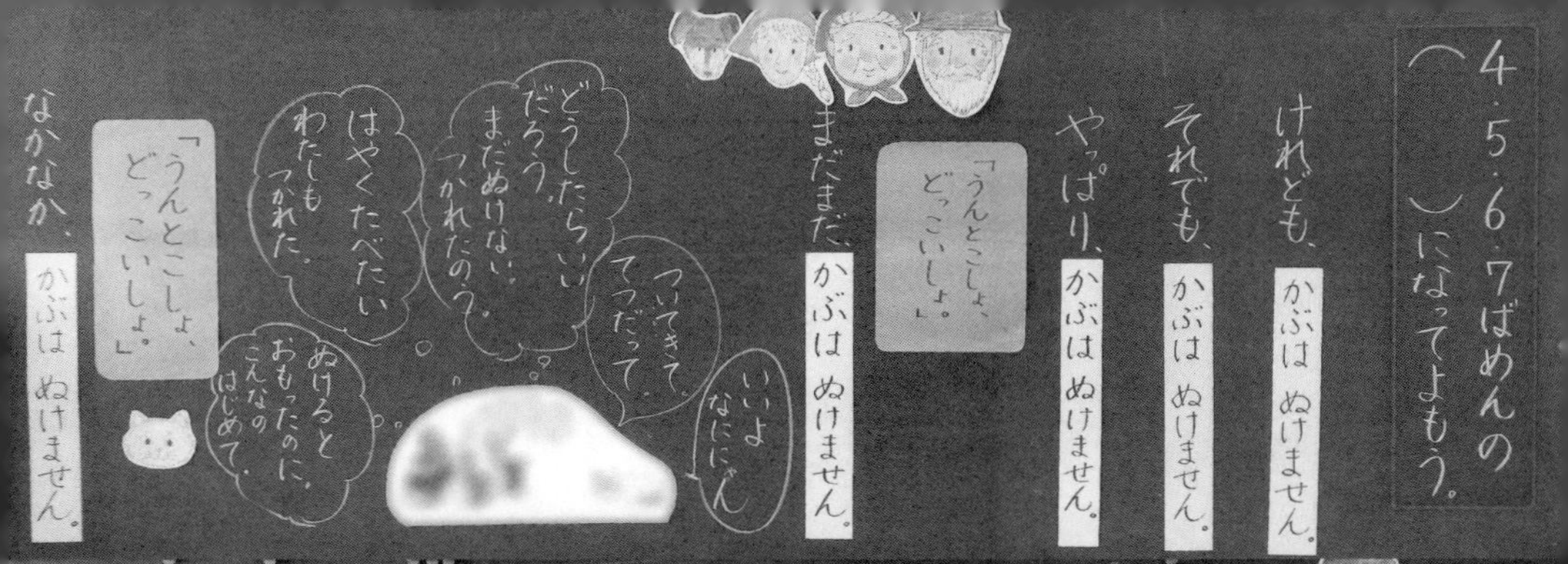

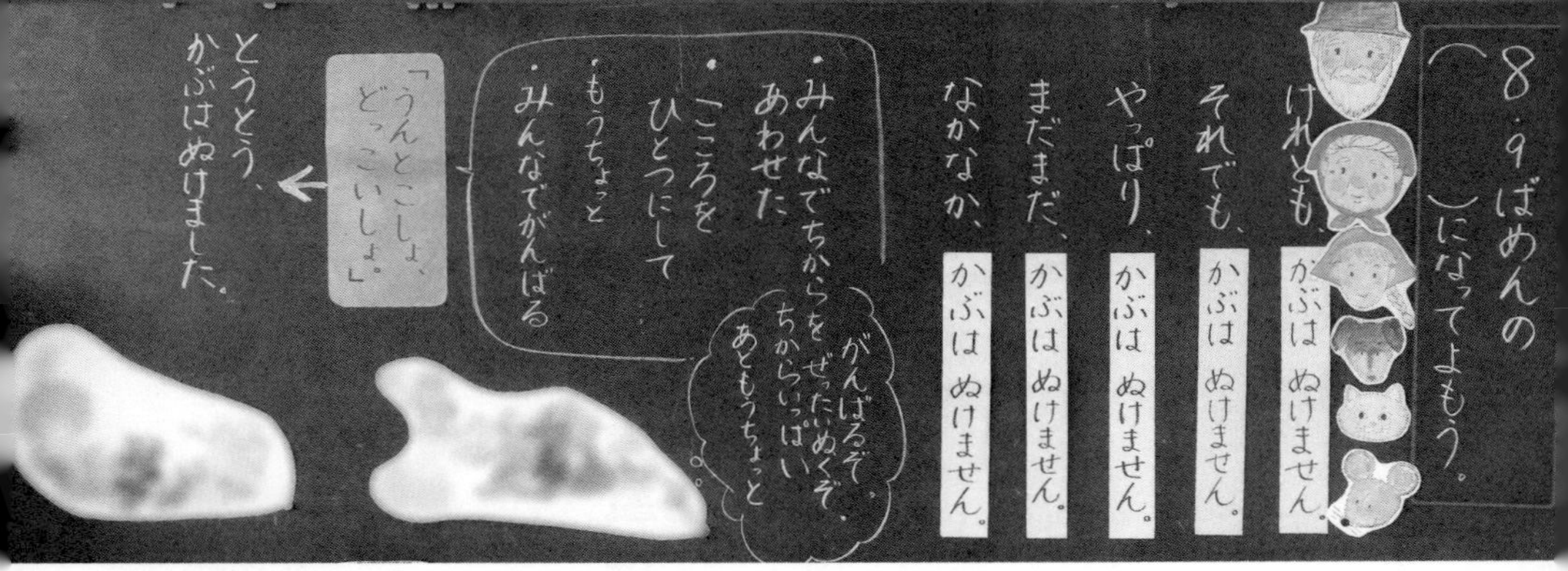

第2章

指導方法を構想する力を高めよう

第1章で、教材研究とは、「教材の分析・解釈」と、「指導方法の構想」のことであり、指導方法を構想していくためには、何よりもしっかりとした教材の分析・解釈が重要だと述べました。本章では、教材分析・解釈したことをもとに、どのように指導方法を構想していけばいいのかについて考えてみましょう。

1

学級の実態と教師の力量に応じた指導方法を設定しよう

まず、単元を通して場面ごとに分けて読ませていくのか、教材全体を対象にして読ませていくのかについて考えてみましょう。

物語を読む授業の中で子どもたちに求められるのは、単純に考えれば、どのことばに着目して、どのことばとことばをつなげて考えたのか、そしてどのように解釈したのか、その解釈したことについて自分はどう感じ、考えたのかということです。

「ことばをつなげて考える」という点についてもう少し説明をします。

基本的な物語の構造は、**「舞台や人物の設定―人物の変化への伏線―人物の行動やものの見**

方・考え方の転換―人物の変容」となっています。人物の「**変化**」を理解するためには、それ以前の状態、つまり「**設定**」を理解しておかなければなりませんし、一読すると劇的に「**変化**」したように見える人物も実はそのきっかけとなる出会いや出来事、変化の兆しとなる「**伏線**」が物語中に張られています。

このような物語の中でのことばのつながりを授業の中で子どもたち自身が見いだし、解釈し、評価していくことが求められるのです。

従来より多くの教室で行われてきた、物語を場面ごとに分けて読む読み方ではなく、近年は物語全体を対象にした「丸ごと読み」の授業を求める声が増えてきました。どちらの指導方法にもよい点や気をつけるべき点があります。

まず、**場面ごとに分けて読ませる場合**についてです。

場面に区切ると、読む範囲が限定され、つなげることばを探しやすくなります。話のあらすじを把握していない子どもたちや物語の読み方に慣れていない子どもたち、低学年段階の子どもたちに向いた読み方かもしれません。

気をつけるべきことは、違う場面のことばやその前の場面までに学習してきたこととつなげて考えることができにくくなる点です。そのため、教師がこれまで学習したことのまとめを掲示して学習を振り返りやすくしたり、他の場面のことばに気づくように発問したりする必要が出てきます。

次に、**物語全体を対象にして読ませる場合**についてです。

場面ごとに分ける場合とは逆に、子どもたちにとってはことばを探す範囲の限定がなくなり、授業で問題となっている文章中の箇所とは離れた箇所からことばを探すことができます。そのためには、授業の前までに何度も教材文を読み込ませ、物語の流れを頭の中に入れておかせる必要があります。尋ねられたことに反応し、「そのことについては、あそこにあんなことばが書いてあったはずだ」とすぐに教科書のページをめくって、ことばを探せるようにしておかなければ、子どもたちが授業での話し合いに参加することはできません。

そして、物語全体を対象にして読ませる場合、何よりも子どもたちにとって適切な読みの課題と教師の指導の力量が必要になります。教師は、単元を通して子どもたちが教材を読み深めていくために必要な課題を子どもたちの反応を予想しながら設定しなければなりません。一時間の授業の中では、子どもたちから出される様々な箇所からのことばや考えをどのように教師が整理し、授業の中で子どもたちに示していくかが重要になるのです。

入門期の場合は、「全体をとらえずに部分的に読んでしまう」という子どもたちの実態に鑑みて、場面ごとに分けて学習を進めていく方法がより適しているでしょう。入門期で扱う物語教材の多くは中・高学年の物語教材とは異なり、物語全体に張られた「伏線」を回収していくような読みは求められません。**入門期ではまず、場面ごとの様子について話し合う中で具体的なイメージを共有化していき、《イメージする力》を育てていきます。**そのような展開の授業を重ねることで、場面の中のことばとことばをつなげて読み、その様子を想像することができるようになります。そして、読みの発達の段階に応じて、前後の場面をつなげて読んだり、物語全体をつなげて読んだりする授業へと移行していくのがよいでしょう。

2

教材の特性に応じた活動を設定しよう

平成20年版の学習指導要領では、「各教科における言語活動の充実」の必要性が唱えられています。次期学習指導要領においても、その方向性は変わらず、問題解決的な学習の中での効果的な言語活動の位置づけが求められるようです。しかし、設定するのはどんな活動でもいいわけではありません。言語活動そのものを目的化した単元構成に陥ってしまっては、本末転倒です。教師の教材の分析・解釈を基盤とし、**活動の特性**を意識しながら、読みを深めさせていくのに適した活動を選択していく必要があります。

一つの教材ごとに子どもの実態によって設定する指導目標が違うように、目標に迫るための学習活動の方法も様々です。それぞれの活動には特性があり、教材と設定した指導の目標に応じた活動を選択しなければなりません。

そこで、いくつかの活動を挙げながら、その効果や留意点、「おおきなかぶ」で設定する際のポイントについて考えてみましょう。

(1) 音読・朗読

文章を声に出して読んで理解したり、文章の内容や文体から読み手がイメージしたことや感じたことを音声で聞き手に表現したりする活動です。序章でも述べたように、目的に合わせて活動を工夫することで、〈イメージをつくる力〉〈イメージを広げる力〉の両方を育むことができます。文字を目で追って頭の中で音声化するのが難しい低学年段階においては、この活動を通してことばのリズムを感じたり、イメージをつくり、広げたりすることになります。

また、音読・朗読は、読み手が人物や語り手に同化するのを促すことができます。逆を言えば、音声化することで読み手のイメージしている様子が明らかになるので、教師はこの点に留意して子どもたちに音読・朗読を聞かせなければなりません。

活動	特　性	留意点
音読・朗読	読み手がイメージしたことや感動した気持ちを音声で聞き手に表現する。ことばの響きやリズムを味わわせることができる。	音声を記録したり，音読するための記号を用いたり，教師が再現したりする必要がある。
ペープサート	人形を動かすことによって，人物が今どの場所にいて，どう動き，どのくらい距離があるのかを表現する。	人物の表情や細かい動きを表現することができないため，活動を設定する場面を考慮する。
紙芝居	場面の移り変わりに気をつけながら様子をイメージして挿絵を描き，音声で表現する。	作成が授業の目的となったり，時間がかかりすぎたりしないよう，手立てを講じる。
劇・動作化	人物の設定や状況，場面から，人物の心情や表情を想像し，動作や行動に表現する。	表現する目的や表現させる場面をはっきりとさせたうえで活動させる。
日記・絵日記	文章中に書かれている出来事や書かれていない人物の心情を，振り返って記録する形で読み手が想像して書く。	日記をどの場面のどの人物の立場から書かせるか吟味する。
吹き出し	文章中に書かれていない人物の発言や心情を現在進行形で読み手が想像して書く。	人物の性格や口調等も具体的にイメージさせる。
手紙	文章中に書かれていない人物の心情を読み手が想像し，物語世界の外から人物の行動や考えに対して評価をする。	手紙をどの場面のどの人物に対して書かせるのか吟味する。
続き話の創作	作者になったつもりで，物語のあとに続く話を想像し，創作して書く。	物語の文脈を理解したうえで，物語のその後を想像し，構想して表現させる。

たとえば、「おおきなかぶ」では、一場面でかぶの種をまくおじいさんの「あまい　あまい　かぶに　なれ。おおきな　おおきな　かぶに　なれ。」ということばを、強い命令調で読むのか、願いのこもった優しい調子で読むのかで、おじいさんの人物像は大きく変わってきます。また、繰り返される「うんとこしょ、どっこいしょ。」という掛け声は、声に出すことで、そのリズムや力強さを感じられます。役割に分かれて音読をすることで声の重なりに気づき、場面の様子のイメージを広げることができるでしょう。リズムのよい音読・朗読の活動を通して、子どもたちは声に出す楽しさやことばのリズムの心地よさ、繰り返しのおもしろさを味わいます。

音声化された表現は、その場に残りません。表現されたものをもとに話し合う場合は、音声を記録したり、強弱の速さなどを表す音読するための記号を用いたり、教師が再現したりする必要があります。

(2) ペープサート

紙に人物の絵などを描き、棒につけて動かしたり棒につけずにマグネットで黒板上に貼って動かしたりする活動です。劇や動作化と同じように、演じることを通して、場面の状況や人物の心情などを考えさせます。人形を動かすだけという、劇に比べて子どもたちの活動への抵抗感も少ないのですが、人物の表情や細かい動きを表現することができません。劇よりも比較的表現しやすいのは、人物の位置関係です。劇の場合は、演じる空間の関係で十分に距離がとれない場合がありますが、ペープサートは人形を動かすことによって、人物が今どの場所にいて、どのくらいの距離があるのかを表現することができます。さらに、劇に比べて、人物の大きさも視覚化してイメージしやすいという特性があります。黒板に貼って動かす場合、ストップモーションでの話し合いも行いやすくなります。

たとえば、「おおきなかぶ」の場合では、あえてバラバラの順番に人物を並べて提示し、この順番ではいけない理由を話し合う学習が考えられます。ペープサートを用いて人物の順番について話し合い、「〜を―がひっぱって」という文の主語と述語の関係や、「が」「を」という助詞の役割を学習することは、〈イメージをつくる力〉の基礎となるでしょう。

また、人物の大きさに着目させることは、「一人ずつ加わる」「大きなものから小さなものへ」という繰り返しと変化のおもしろさに気づき、イメージを広げるきっかけとなるでしょう。

（3）紙芝居

本文に沿って、場面に分けて絵を描き、描いた絵の場面について音声で表現していく活動です。紙芝居の作成では、何枚の絵にするかを考えさせることで、場面の移り変わりに着目させることができます。また、教科書に挿絵がない場面がある場合、その場面の状況や人物の表情などを想像することになるため、〈イメージを広げる力〉を高めることにつながります。しかし、作成に時間がかかるのが難点です。また、紙芝居ができあがったら、演じ方の練習をする必要があります。役割分担などをして、地の文や会話文から場面の様子や人物の心情が伝わるように声色や言い回し、絵の抜き方などを練習します。

たとえば、「おおきなかぶ」の場合、教科書にすべての場面の挿絵が掲載されているわけではありません。ですから、ない場面の挿絵を描いていくと、かぶを抜く人物が一人ずつ増えているというイメージをより確かにもつことができます。そうすることで、「繰り返しと変化」という物語の構造も実感的にとらえやすくなります。しかし、ともすれば、子どもたちの意欲が読むことではなく絵を描くことに向かい、教師の意図する活動とは違ったものとなったり、予想以上に時間がかかったりする可能性があります。子どもたちの活動がねらいに沿ったものとなるように、本文は教科書をコピーして貼る、班で活動する、画用紙を小さなサイズのものにするなどの手立てを講じるのがよいでしょう。

(4) 劇・動作化

劇については、上演を目的にしたものと、上演ではなく表現活動や体験を目的にしたものがあります。子どもたちは、人物の設定や状況・場面から人物の心情や表情を想像し、動作や行動で表現します。人物になりきることで、子どもたちはイメージをつくりやすくなります。さらに、本文中にない会話や動作を付け加えることも可能です。

低学年の教材では、人物の行動を中心に物語が展開していきます。劇・動作化によって、人物の会話のことばや心情を想像させたり、文章には書かれていない場面間の人物の行動や様子を表現させたりすることで、イメージを広げることができます。表現する目的や表現させる場面をはっきりとさせたうえで、活動させる必要があります。

たとえば、「おおきなかぶ」の場合では、協力して力いっぱいかぶを引っぱっている様子をとらえさせるために、「うんとこしょ、どっこいしょ。」を役割分担して動作化させます。挿絵を見ていただけでは理解できなかった力強さや体の動きに合わせたことばの発声などを、体験的に理解できます。他にも、「よんで　きました。」の部分で、それぞれの人物がどのようなことばがけをして次の人物を呼んできたのかを劇にする活動も考えられます。本文では、人物の台詞は「うんとこしょ、どっこいしょ。」のみですが、ここで、それぞれの人物になって会話を考えることで、人物の行動やそのときの様子をイメージさせることができます。この活動を通して、〈イメージを広げる力〉を育てることができます。人物同士の関わりを考えることで、協力してかぶが抜けるという結末の嬉しさをさらに感じることができるでしょう。

(5) 日記・絵日記

読み手が、登場人物になりきって物語の中で起きた出来事やそのときの心情などを記録する形で書く活動です。登場人物になりきることで、文章中に書かれていない人物の心情を読み手が想像して埋めて書かなければなりません。低学年段階においては、人物のしたことや起きた出来事を整理したり、内容の大体をとらえさせたりすることにも有効でしょう。また、絵日記にすることで、物語の感動の中心についても考えさせることができます。指導目標に照らし、どの人物の立場から書かせるかを教師がよく考える必要があります。

たとえば、「おおきなかぶ」の場合では、おじいさんになって、①かぶを植えた日、②かぶを育てている日、③かぶを抜いた日、の日記を書く活動が考えられます。この活動を通して、おじいさんがどれだけかぶを慈しみ育てたかに目を向けさせるとともに、かぶが大きくなるまでの時間の経過についてもイメージさせることになります。子どもたちは生活科等での植物の栽培経験を想起しながらおじいさんの行動や願いを想像するでしょう。また、かぶを抜いた日の日記には、「かぶを引っぱっているときのおじいさんの気持ち」や「かぶが抜けたときのおじいさんの気持ち」を想像して書くことになります。

このように、登場人物になりきったうえで自分の知識や経験と結びつけながら日記を書くことで、〈イメージを広げる力〉を伸ばすことができます。

（6）吹き出し

登場人物になりきってせりふや思いを考え、吹き出しに書き加えていく活動です。吹き出しと日記・絵日記は、どちらも登場人物に同化して思いを書くという点では共通していますが、大きな違いがあります。それは、その瞬間の思いであるか、振り返って記録した形であるかということです。吹き出しの場合は、その場面において人物が何を思っているかを現在進行形で想像し書いていきます。ですから、気持ちを想像するときの根拠となる叙述の範囲は、日記を書く活動と比較すると狭くなります。場面ごとに区切って読んでいく授業展開に適した活動であると言えるでしょう。また、人物の気持ちだけではなく、書かれていない人物のせりふや人物同士の会話を想像させることもできます。人物が言ったであろうことばを考えるためには、その人物の性格や口調を想像し、物語の文脈を把握したうえでイメージを広げさせるようにする必要があります。

たとえば、「おおきなかぶ」の場合、「――かぶは　ぬけません。」のあとの人物同士の会話を想像させ吹き出しに書かせる活動をしくんでもよいでしょう。そうすることで、かぶを抜きたいという人物たちの共通の願いや、それでもあきらめたくないという思い、そして力をふりしぼっているがゆえの疲れなども、具体的にイメージすることができます。あるいは、「～は、――をよんできました。」のあとに吹き出しを書かせることで、呼んできた人物は何と言って仲間を連れてきたのかを考えさせます。そうすることで、読み手は人物同士の関係性にも着目して、物語の解釈を深めることができるでしょう。

(7) 手紙

読み手が、登場人物に対して語りかけるような形で書く活動です。人物になりきるのではなく読み手として物語世界の外から人物に向けて手紙を書くことは、低学年の子どもたちにとっては楽しいことであり、登場人物と自分自身とを対話させることをねらうこともできる活動です。手紙を書くためには、文章中に書かれていない人物の心情を想像し、人物の行動や考えに対して評価をしていくことが必要になります。

たとえば、「おおきなかぶ」の場合では、「一番がんばったと思う人に手紙を書こう」という投げかけができるでしょう。この活動を通して、子どもたちは自分なりに人物を評価し、その評価の根拠を叙述に求めます。「一番がんばったおじいさんへ。ぼくは、おじいさんが一番がんばったと思うよ。そのわけは、種を植えるところからお世話をして、大きくして抜くのも誰よりも長い時間引っぱったからだよ。」と書く子もいれば、「一番がんばったねずみさんへ。わたしは、ねずみさんが一番がんばったと思うよ。なぜかというと、体がとっても小さいのに、ねずみさんが引っぱったおかげでかぶが抜けたからだよ。それだけすごい力を出したんだね。」

と書く子もいると思います。いずれにしても、叙述に即して、人物の気持ちを想像し自分の考えをもって物語と向き合うことができます。イメージをつくり、広げたあとに、自分と登場人物との対話をさせることができる活動です。

手紙を書かせる場合、日記・絵日記と同様に指導目標に照らして、どの場面のどの人物に対して書かせるのかを吟味する必要があります。

(8) 続き話の創作

作者になったつもりで、物語のあとに続く話を創作して書く活動です。子どもたちは楽しみながら意欲的に取り組みます。しかし、何でも書いていいというわけではありません。物語の文脈を理解したうえで、物語のその後を想像し、構想して表現する必要があります。

たとえば、「おおきなかぶ」の場合では、かぶが抜けたあとの人物たちの行動を想像し、続き話を書くことが考えられます。「みんなで握手をして喜んでもっと仲よくなった」という話や「みんなでスープを作ってかぶパーティを開いた」という話をつくる子がいることでしょう。その後の物語を書くためには、文章の大筋をしっかりと把握したうえで、自分が登場人物だったらこうしたいという思いを想像したり、これまでに自分が読んできた物語のパターンなどの知識や経験を想起したりする必要があります。そのため、続き話の創作活動は、〈イメージを広げる力〉を養うことにつながると言えます。さらに、続き話を書かせることで「かぶが抜けた」という結末が、登場人物たちにとってどんな意味をもつのかに目を向けさせることができます。力を合わせて物事を成し遂げる喜びや、小さなものでも大きな力になることを交流することで、物語の価値や主題についても語り合うことになるでしょう。

3 単元を構想しよう

単元の指導目標の達成に向け、目の前の子どもたちに適切と思われる学習課題や学習活動の方法を設定し、単元を組み立てましょう。

(1) 子どもたちの状況をとらえよう

第3章の実践編の学級の子どもたちは、物語の教材を読む学習に意欲的に取り組みます。これまでの文学教材を扱った学習でも、〈イメージをつくる力〉や〈イメージを広げる力〉をつけるための指導を行ってきました。「はなのみち」では、書かれていることを正しく読みとらせるために、文章中のことばと挿絵とを対応させながら読ませたり、人物の行動を動作化させたりしました。また、書かれていない場面の様子について想像させるために、登場人物になりきって対話や劇化をさせたり、冬の場面と春の場面の挿絵を白黒印刷したものに色塗りをさせたりしました。「おむすびころりん」では、語り手、おじいさん、ねずみに分かれて役割読みをしたり、それぞれの場面に合った表情で動作化したりする活動を通して、イメージをつくり、広げる経験をしています。

また、リズムよく声を出す快さを味わうことができるようにするために、朝の会でのタンバリンを使った発声練習や音読詩集を活用した詩の音読、「おむすびころりん」ではウッドブロックのリズムに合わせた音読などを楽しみながら行ってきました。

「おおきなかぶ」と出合った子どもたちは、この物語の魅力である「繰り返し」と「リズム」のおもしろさに触れ、「早く声に出して読みたい」という思いをもつことでしょう。声に出して読んでいるうちに、自然と場面の様子に合った体の動きをする子も現れると予想されます。「このお話、楽しいな」という気持ちをもたせ、学習への原動力にします。

(2) 学習のゴールである目指す子どもの姿を明確にしよう

「おおきなかぶ」という教材の魅力は、何といっても「繰り返しと変化」のおもしろさと「リズムのよさ」から生まれる音読の快さです。様々な方法で音読する活動を通して、ことばにはリズムがあることを体験的に学ぶことのできる教材です。また、子どもたちは何度も声に出すことで、物語の世界に入りこみ、イメージをつくり、広げていくでしょう。

そこで、本教材では、学習指導要領解説国語編（平成20年告示）の「⑴ア　語のまとまりや言葉の響きなどに気を付けて音読すること。」を通して、ことばの響きやリズムを感じる力をつけるとともに、「⑴ウ　場面の様子について、登場人物の行動を中心に想像を広げながら読むこと。」を通して、〈イメージをつくる力〉・〈イメージを広げる力〉を子どもたちに育んでいきたいと思います。

そこで、単元の指導目標を

> ○　ことばの響きやリズムなどに気をつけて音読することができる。
> ○　場面の様子について、登場人物の行動を中心に想像を広げながら読むことができる。

として、単元づくりを計画します。（次章の実践編とリンクします。）

（3）学習課題と学習活動を設定しよう

「おおきなかぶ」と出合った子どもたちは、音読をし、場面の様子をイメージする学習を進めることで、リズムよく友だちといっしょに音読する楽しさを実感したり、自分のイメージに合った読み方を工夫したりしていくと考えられます。そこで、単元の学習課題を **「『おおきなかぶ』音読発表会をしよう」** とし、参観日にお家の人に音読を聞いてもらうという場を設定しました。

では、「『おおきなかぶ』音読発表会」というゴールに向かって、どのような学習活動を行っていけばよいでしょうか。教材の特性に照らして考えてみます。

この物語の登場人物による発話は、一場面のおじいさんの「あまい　あまい　かぶになれ。おおきな　おおきな　かぶに　なれ。」と、その後の場面で繰り返される「うんとこしょ、どっこいしょ。」のみです。文脈や挿絵から場面の様子を想像する余地が十分に残されていると言えます。そこで、**音読、動作化や吹き出しへの記述等の活動を通して、イメージを広げる**ようにしていきたいと考えました。

単元計画の構想にあたっては、毎時間の授業の流れをなるべくパターン化できるようにします。一時間の授業における学習活動や活動の順序、時間配分などをある程度固定し、単元を通して繰り返すようにすることで、子どもたちは学習の流れがわかり、学習の内容に集中することができます。入門期の子どもたちの学習活動への負担を軽くするためにも、授業のパターン化は有効な手立てです。

これらを踏まえ、次のような流れの授業を計画しました。

①　音読、動作化することを通して声に出す快さを感じるとともに、**物語世界のイメージをつくる。**

②　登場人物になりきって音読や動作化をしたり、吹き出しに気持ちを書いたりすることで、**物語世界のイメージを広げる。**

③　**広がったイメージを活かして**、音読の工夫をする。

指導計画（全7時間）

1　初読の感想を交流し、学習の見通しをもつ。

(1)範読を聞き、物語の大体をとらえる。初読の感想を発表し合う。

○登場人物や人物がしたことなど、物語の大体がわかり、初読の感想をもつことができる。

(2)繰り返し出てくる表現について話し合い、場面分けをする。

音読発表会の計画を立て、音読練習をする。

○「繰り返しと変化」に着目し、物語の展開を理解して場面分けをすることができる。

○目的意識をもって活動の計画を立て、音読練習をすることができる。

2　音読や動作化、吹き出しへの書き込みを通して、場面の様子や登場人物の気持ちについて想像を広げる。

(1)一から三場面について、かぶの種をまき、育てるおじいさんの様子や気持ちを動作化しながら想像し、気持ちを吹き出しに書く。

○かぶに対するおじいさんの思いや成長したかぶの様子を具体的に想像して音読や動作化をしたり、吹き出しに気持ちを書いたりすることができる。

(2)四から七場面について、呼んでくる人物と呼ばれる人物の会話や、かぶを引っぱる様子と抜けなかったときの気持ちを動作化しながら想像し、気持ちを吹き出しに書く。

○かぶを抜くために力を合わせている様子やなかなか抜けないかぶに対する人物の気持ちを具体的に想像し、音読や動作化をしたり、吹き出しに気持ちを書いたりすることができる。

(3)八・九場面について、かぶを引っぱるときとかぶが抜けたときの様子から登場人物の気持ちを音読や動作化しながら想像し、吹き出しに書く。

○かぶを抜くために力を合わせている様子ややっと抜けたかぶに対する人物の気持ちを具体的に想像し、音読や動作化をしたり、吹き出しに気持ちを書いたりすることができる。

3　場面の様子について想像を広げながら、音読発表会をする。

(1)場面の様子について想像を広げながら、音読発表会の練習をする。

○人物の行動や気持ちについてイメージを広げ、ことばの響きやリズムなどに気をつけて音読練習をすることができる。

(2)音読発表会をする。

○場面の様子についてイメージを広げ、声の大きさや速さなどを工夫しながら音読の発表をすることができる。

【参考文献】

・大槻和夫編『国語科重要用語３００の基礎知識』二〇〇一、明治図書

・田近洵一・井上尚美編『国語教育指導用語辞典』一九八四、教育出版

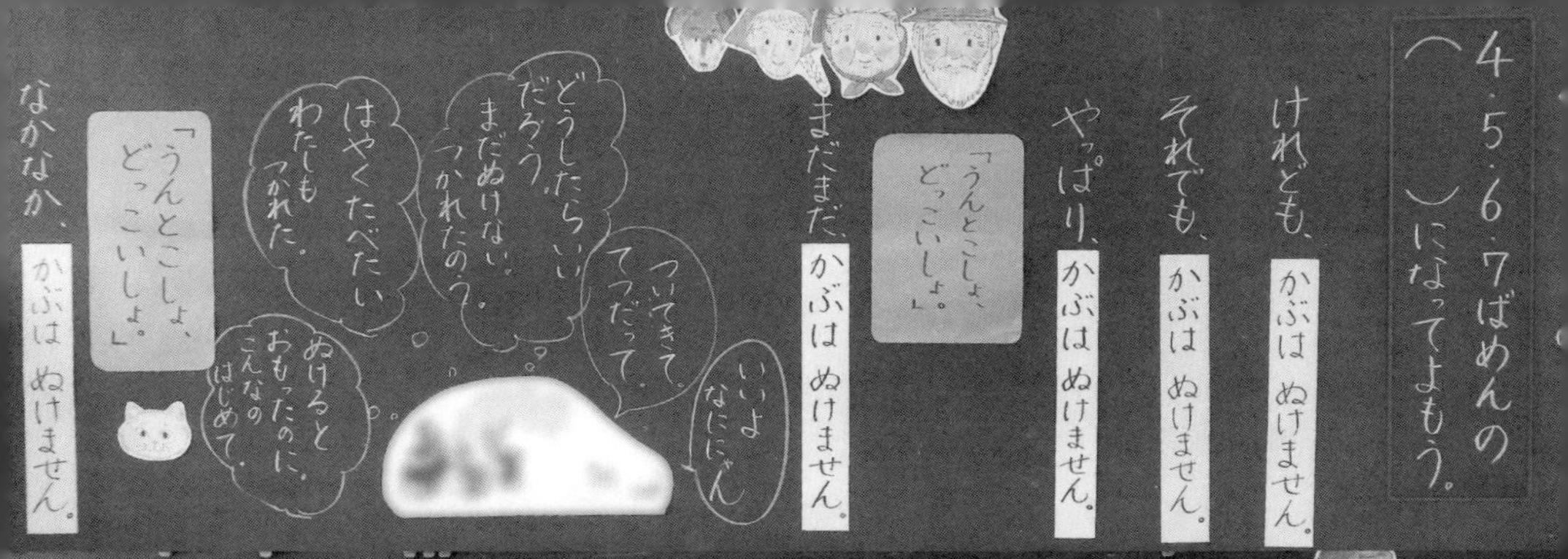

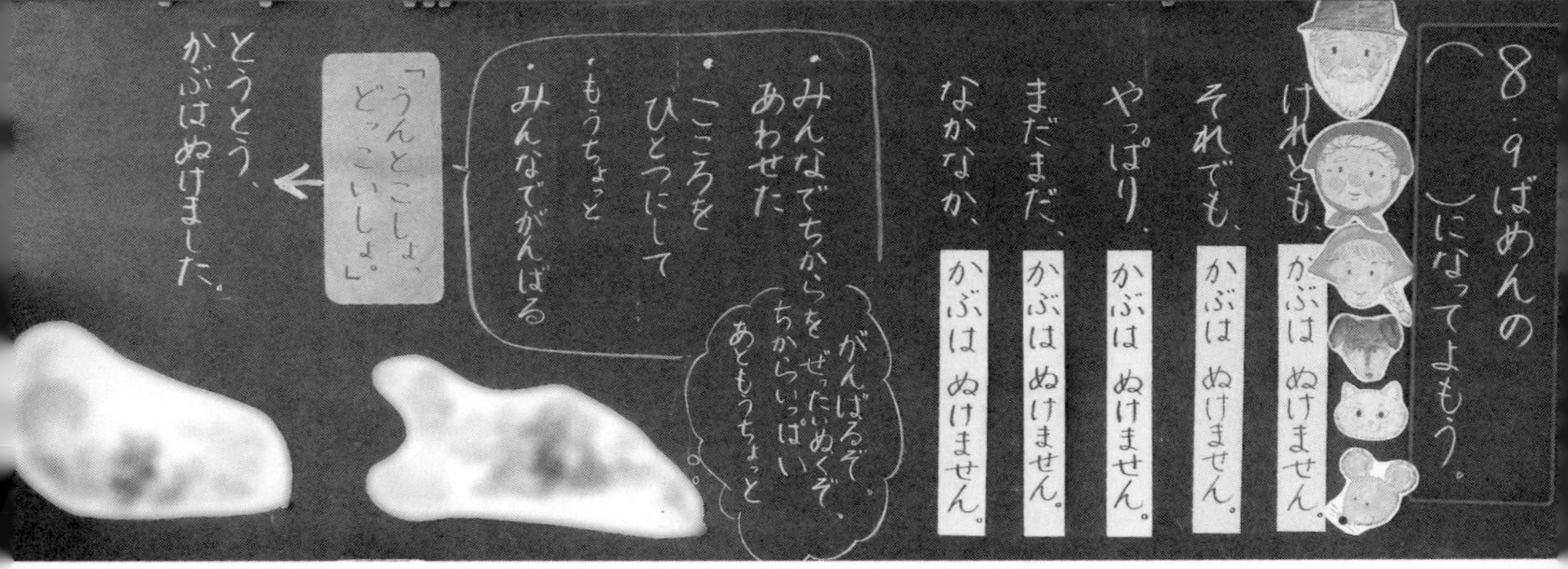

第3章

板書と思考の流れで展開がわかる　実践！「おおきなかぶ」の授業

これまで「教材の分析・解釈」、子どもたちに応じた「指導法の構想、指導案の作成」を行ってきました。しかし、授業の「設計図」ができただけで、授業ができ上がったわけではありません。実際の授業へと具現化するためには専門的な技能が必要です。それが、**臨機応変な対応力**です。本章では、実際の子どもたちの反応に対して教師がどのように考えて対応し、授業を展開するのかについてご紹介していきます。

授業で物語を読んで話し合う学習を行う場合、指導者が最も力を入れるべき場面は、二つだと考えます。授業の導入で子どもたちに**課題を共有させる場面**と子どもたちの発言を教師が聴いて**授業を組織していく場面**です。

課題を共有することとは、子どもたちにとって一人一人が一時間の授業に「参加」する原動力となります。子どもたちの読みや考えの深まりが期待できる課題を設定し、その課題に対して、「それについては、わたしはこう思うんだけど、みんなは違うのかな。」「えっ。考えたこともなかった。」「おもしろそうだ。みんなで考えてみたい。」などのような気持ちを引き出すような導入の工夫をしなければなりません。

また、子どもたちの発言を聴いて集団の思考を組織していく場面では、発言の仕方や周囲の子どもたちの話の聴き方などの学習規律の指導ももちろん大切ですが、それ以上に発言する子どものことばを教師が聴きながら、分析し、授業を方向づけていくことが重要です。

教師は、自分が教材を徹底的に分析して得た解釈が唯一の「答え」ととらえがちです。そして、それを授業の中で子どもたちにことばで言い当てさせようとする場面をよく見かけます。しかし、そのような授業を繰り返していると、子どもたちはだんだんと発言しなくなってきます。教師は、欲しいことばを子どもに言わせることに躍起になるのではなく、子どもたちがその時点でどのように解釈しているのかを子どもたちのことばから分析し、どこに焦点を当てて集団で考えさせればいいのかを考える必要があります。

具体的には、次のようなことです。

・この子は何を言おうとしているのか。
・なぜそんな表現をするのか。読み誤りの原因は何か。（表現するために選択したことばか、着目したことばの違いか、解釈か、基盤となる自身の知識や経験などか。）
・教師が解釈していることのどこに位置づくのか。その子の解釈はどこまで迫り、何が足りないのか。
・他の子の考えとどこが同じで違うのか。他の子にいっしょに考えさせるべき点はあるか。
・この意見をこれからの展開にどのように生かせるか。

これらのようなことを分析・判断しながら、教師は子どもたちの発言を聴かなければならないのです。本章では、実際に行った授業をご紹介しながら、板書や教師の発問に対する子どもたちの反応、また状況に対応する教師の思考の流れについても考えてみましょう。

第1次　初読の感想を交流し、学習の見通しをもつ。

第1時　範読を聞き、物語の大体をとらえる。初読の感想を発表し合う。

指導目標
○登場人物や人物がしたことなど、物語の大体がわかり、初読の感想をもつことができる。

おおきなかぶ

どこがすきか
おはなししよう。

課題の共有

かぶについて知っていることを発表し、物語に出てくる「おおきなかぶ」のイメージをつくる。

※教科書は平成27年度版光村図書を使用

考えの発表

初読の感想を交流する。

深める問い

人物の登場順について問い、文章と挿絵を対応させることで、内容の大体をとらえ、物語全体のイメージをつくる。

考えのまとめ

物語の展開を確かめながら音読する。

物語世界のイメージをつくるためには、ことばの意味やそのことばが表す対象そのものについて知っておく必要があります。特に入門期においては生活経験や読書経験が多くはないため、子どもの知識や経験の差も大きく、知識を確認することは大切だと言えるでしょう。

そこで第1次第1時の導入場面では、範読に先駆けて、物語の重要アイテムであり題名にもなっている「かぶ」について、全体で知識や経験を交流しながら、イメージをつくっていくことにしました。

【導入場面】

授業の実際の様子	教師の思考の流れ
T　これから先生が絵を描きます。何の絵かな？ C　りんご！ 　　宇宙人？ 　　かぶ！ 　　ラディッシュ！ 　　玉ねぎ！ 　　完全にかぶじゃろう。 　　おおきなかぶ！ T　何だと思いますか？　みんな同じ考えかな。みんな	⬇子どもたちは、かぶのイメージをどのくらいもっているのだろう。 ⬇かぶの形を知っている子が思った以上に多そうだ。

で言ってみる？　どうぞ。
C　かぶ！
T　正解！　かぶを知ってる人？
（四分の三が挙手。）
C　知らない人？
T　（残り四分の一が挙手。）
C　かぶってどんなもの？　食べたことがある人は、食べたことない人に教えてあげて。
T　下はちょっと辛い。
C　ここ？　ここが辛いの？　どんな辛さ？　カレーみたいなの？
T　ちがう。ピリッとする。からしみたい。
C　大根といっしょの味だと思います。
C　大根を食べたことある人？
T　（ほとんどの子が手を挙げる。）
C　季節じゃないときに、かぶができないときに食べたら苦い。
C　かぶは、柔らかくって、大根みたいです。
T　はじめから柔らかいの？
C　いや、かたい。お味噌汁とかに入れたら柔らかくっておいしい。

⬇絵本やアニメで見たことがあるのかな。それとも、実際に見たり食べたりもしたことがあるのかな。

ポイント
⬇「辛い」だけでは、味がイメージできないかもしれない。どんな辛さなのか言わせてみよう。

⬇大根に似た野菜という発言で、食べたことがない子も具体的なイメージがもてただろう。

C　かぶの上のはっぱのとこが、甘くっておいしいです。
C　白いけど、お汁とかに入れたら茶色になる。
T　よく知っているね。かぶって、普通はどれくらいの大きさ？
C　（腕や手で形を作って表す。）
T　お隣の人と比べて、同じかな違うかな。お話ししてごらん。
C　（ペアトーク　十秒間。）
C　これぐらい（顔くらいの大きさ）だと思います。
C　これぐらい（バスケットボールくらい）だと思います。
C　これぐらい（ソフトボールくらい）だと思います。
C　これぐらい（両手をいっぱいに広げたぐらい）だと思います。
T　普通は、これぐらいの大きさなんです。（実物大のかぶの教材を見せる。）
C　わあっ。（予想が当たった子は喜ぶ。）
T　今日からお勉強するお話に出てくるかぶは、こんなかぶです。（「おおきなかぶ」と板書。）
T　みんなで読んでみる？　さんはい。
C　おおきなかぶ。

ポイント

➡かぶの味や調理についての生活経験は大体引き出せたな。大きさに焦点を絞ろう。
➡大きさのイメージはまちまちだ。話し合いに飽きてきた子もいるな。ペアトークで自分の考えを表現させて参加を促そう。

➡あまりここで時間を使わず、次に進もう。
➡実際のかぶの大きさを見せて理解させよう。

T　おおきなかぶって、どのくらい大きいのかな？
C　このくらい！（両手を広げたり立ち上がったりする。）
T　どんなかぶなんだろうね。お話を読んでみよう。そして、このお話のどんなところが好きかをみんなにお話ししてね。先生が読むよ。絵を見ながら聞いてね。

➡普通のかぶの大きさがわかって、「おおきなかぶ」のイメージを自分なりにもてたようだ。読みへの意欲につながったな。

本学級の子どもたちは、半数程度が、家庭や幼稚園・保育所の給食などでかぶを実際に食べた経験をもっていました。しかしながら、実際のかぶの大きさについては、知識や見た経験がない子どもも多く、様々な意見が出されることが多いでしょう。

このように、**物語に出合う前に、物語世界と自分たちの知識や経験との重なりを全体で共有する**ことで、物語のイメージがもちやすくなります。

挿絵を見ながら範読を聞かせたあと、感想を交流しました。子どもたちから出された感想は、次のようなものでした。

●「繰り返しと変化」の一部におもしろさを感じているもの
・「うんとこしょ、どっこいしょ。」がおもしろかったです。
・おとしよりがおとしよりをよんでくるところがおもしろかったです。

・「かぶをおじいさんがひっぱって……ねこをねずみがひっぱって」のところ。
・みんなが、いっしょうけんめいがんばっているところ。
・ぬけません、ぬけませんだけど、さいごにぬけたからよかったなとおもいました。

●「リズムのよさ」におもしろさを感じているもの

・「うんとこしょ、どっこいしょ。」のところがリズムがよくてすきです。
・「おおきなおおきなかぶになれ」のリズムがよかった。

●その他物語の展開におもしろさを感じているもの

・「あまいあまいかぶになれ。おおきなおおきなかぶになれ。」でほんとうにそうなったから、おもしろかったです。
・たねをうえたらあんなにおおきいかぶになるとおもわなかったから、すごいなとおもいました。
・さいごにねずみがきて、みんなでいっしょにぬいて、たのしかったです。

●挿絵におもしろさを感じているもの

・かぶがぬけなくて、おじいさんがこまっているところがおもしろかったです。
・ぬけたときのいぬとねこが「わあっ」っていうかっこうなのがおもしろかったです。

初読の段階で、子どもたちの多くは、「うんとこしょ、どっこいしょ。」や「~を―がひっぱって、~を―がひっぱって」などのことばの響きやリズムにおもしろさを感じていました。また、「おおきなかぶができておもしろかった」「かぶがぬけてよかった」という感想から、物語の展開を楽しんでいることもわかります。

この「おもしろいな」「楽しいな」という思いを大切にしながら、授業では、「ことばの響きやリズムを感じる力」と〈イメージをつくる力〉・〈イメージを広げる力〉を子どもたちにつけていきます。一読したのみでは、子どもたちは「繰り返しと変化」の構造の一部分にしか目を向けていません。また、この物語は、語り手が人物の行動を中心に語っているため、人物の気持ちや表情、細かい動きなどをイメージするには至っていないでしょう。そこで、本時の展開場面では、**挿絵と文章とをつなげていくことで物語の大体をとらえさせ、物語全体のイメージをつくっていく**ことにしました。

【展開場面】

授業の実際の様子	教師の思考の流れ
T　お話に出てくる人を、登場人物っていうんだったね。言ってみる？　さんはい。 C　とうじょうじんぶつ。	⬇まずは登場人物を全員で確認しよう。

T　このお話の登場人物は何人でしょう。指で教えて。
C　（全員が指で六や七を示す。）
T　六人だと思った人が多いみたいだね。誰が出てきたかな？
C　おじいさんが出てきました。
T　（黒板に人物の絵を貼る。以下同様。）
C　まご。
C　いぬとねことおばあさん。
C　ねずみ。
C　かぶ。
T　かぶは、おしゃべりしたり動いたりしてた？　かぶが「うんとこしょ、どっこいしょ。」って言ってた？
C　言ってない！
T　登場人物は、おしゃべりしたり動いたりするんだったね。ということは？
C　かぶは、登場人物じゃない。
T　では、この六人が登場人物だね。一回読んだだけでわかったんだ。すごい！　これでいいね。
C　（数人が手を挙げる。）
T　手を挙げてる人はどうしたの？
C　違います。

ポイント

➡まず、予想させることで全員を授業に巻き込んでいこう。

➡よし、順不同で出てきたな。これで順序の話し合いにもっていきやすくなった。

➡登場人物の条件を確認しよう。

➡登場人物は確定できた。これでいいかと問うことで、登場順に目を向けさせよう。「はなのみち」や「おむすびころりん」で挿絵の並べ替えをしたことを覚えている子もいるだろう。

T　違う？　ああ、ねこじゃなくて、ぶたさんだったっけ？
C　そうじゃなくて。
T　さるだっけ？　違う？　何が違うの？
C　出てくる順序が違います。
C　同じです。
T　順序が違うの？　へぇ、じゃどんな順序なのか、十秒で隣の人とお話ししてみて。
C　（ペアトーク　十秒間。）
C　（前に出て、人物の絵を並び替える。）
C　同じです。
T　絶対にこの順序ですか？　証拠がある？
C　ある！（多くの子が手を挙げる。）
C　教科書の、引っぱっている絵が、その順序になっているからです。
T　どの絵のことかな？
C　ここの絵です。（教科書の八場面の挿絵を示す。）
C　同じです。
T　証拠の一つ目だね。（八場面の挿絵を貼る。）この絵の他にも、この順序だっていう証拠がある？　お隣の人とお話ししてみましょう。

ポイント

➡「順序」ということばを子どもたちから出させて課題をつくりたい。

➡叙述から、この順序である根拠を探させよう。絵を見ながら範読を聞いただけだから、挿絵に注目するだろう。叙述に目が向く子はいるかな。

➡やはり、最初は挿絵を根拠にするだろう。

➡イメージをつくるために、挿絵を掲示して共有化しよう。

C　（ペアトーク　二十秒間。）

C　「かぶをおじいさんがひっぱって、おじいさんをおばあさんがひっぱって、おばあさんをまごがひっぱって、まごをいぬがひっぱって、いぬをねこがひっぱって、ねこをねずみがひっぱって」と書いてあって、その順序になっています。

T　この絵にぴったりの文が書いてあるんだね。よく見つけたね！　文章から証拠を見つけられてすごい。

C　最初は、おじいさんだけで引っぱって、次のところで、おばあさんと引っぱって、その次のところで、まごで、次がいぬで、その次がねこで、その次が、ねずみが出てきています。（教科書の絵を示し、ページをめくりながら発表する。）

C　背の順になっています。

T　背の順？　みんな、○○くんの言っていることがわかる？

C　おじいさんが一番背が高くて、二番目におばあさんが高くて、三番目にまごが高くて、四番目にいぬが大きくて、五番目にねこが大きくて、六番目にねずみが一番小さいです。

T　（聞きながら人物の絵を階段状にずらして貼り、数

➡この挿絵に対応する文を見つけているな。今の段階ではその叙述を探すのが難しい子もいるだろうから、テンポよく進めるために「この絵に対応する叙述がある」という確認にとどめよう。範読を聞いただけでは、叙述に目を向けさせるのには無理があったかもしれない。

ポイント
➡挿絵と叙述をもとに、「一人ずつ加わる」というイメージがもてているな。

➡登場人物の大きさに着目している。「大きなものから小さなものへ」という繰り返しと変化のおもしろさを実感させるために、ここは全体でイメージを共有しておきたい。他の子どもにも言い換えさせよう。

字を書く。）なるほど、おじいさんが一番大きくて、だんだん……

C　小さくなる。

C　おじいさんのかぶだから、おじいさんが最初で、おじいさんとおばあさんは仲よしだから、おじいさんはおばあさんを呼んできたと思います。

T　絵と文章から、証拠を見つけられたね。本当にこの順序かな。みんなで読んで、確かめてみようか。

⬇解釈に入り始めた。そろそろ切り上げよう。順序に着目させて話し合うことで、物語の展開を大まかにとらえることができた。順序に目を向けさせながら音読して、人数が増えていくというイメージをつくらせよう。

物語の大きな流れをとらえさせるために、登場人物について確認することから始めます。まず、「登場人物は何人いるか？」と問い、指で数を示させて意思表示をさせることで、全員が授業に参加するようにします。

そうして、「誰が出てきたか」について子どもたちが発表していくのに合わせ、黒板に登場人物の絵を順不同に貼ることで、**「順序」に目を向けさせ、物語の展開を整理**していきます。

物語の展開をとらえるにあたって、多くの子が挿絵を手掛かりとして物語のイメージをつくります。挿絵によって、「おおきなかぶ」という物語の特徴である「繰り返しと変化」のおもしろさに気づいていく子も少なくありません。「一人ずつ加わる」ことは、**挿絵とことばとを結びつけていく**ことで、実感的に理解することができます。また、挿絵の提示によって、登場人物の順序が「大きなものから小さなものへ」となっていることも全体で共有できるでしょう。

一方で、**叙述に目を向けさせる**手立てが必要です。一度全員で音読をし、どこに何が書かれているのかを子どもたちがある程度把握したうえで、登場人物の順序について話し合いをするという展開の方が、ことばと挿絵とをつなげ、ことばからイメージをつくっていく力を育てるためには有効でしょう。

この展開場面のあとは、正しく読むことができるようにするために、音読練習を行います。まず、追い読み（教師が一区切りずつ音読をし、それに続けて子どもたちが同じ部分を読むこと）をし、一人で音読練習する時間をとったあと、一斉音読をします。一般的に、正しく読むためには、ひらがなを間違えずに読むこと、明瞭な発音で読むことはもちろんですが、ひとまとまりの語や文として読むために、句読点も意識をすることが大切です。句読点があるときの読み方については、四月からの学習の中で、読点（、）は「トン」、句点（。）は「トントン」と、一定の間をとりながら読むよう指導しています。しかしながら、「おおきなかぶ」の場合、そのような句読点音読ルールを意識しすぎると、リズムにのって音読することができなくなります。たとえば、「けれども、かぶは　ぬけません。」は、読点で休むと、七五調が崩れ、リズムが悪くなってしまいます。「語のまとまりや言葉の響きなどに気をつけて音読する」ために、読んでいて心地よいリズムとテンポを子どもたちが感じることができるよう、どのような読み方がよいか、教師自身が前もって何度も読みこむことは、欠かせない教材研究であると考えます。

第2時　繰り返し出てくる表現について話し合い、場面分けをする。音読発表会の計画を立て、音読練習をする。

指導目標
○「繰り返しと変化」に着目し、物語の展開を理解して場面分けをすることができる。
○目的意識をもって活動の計画を立て、音読練習をすることができる。

第1次第2時は、**場面分けをすることで繰り返し出てくる表現に気づき、物語の展開を構造的に理解する**学習を設定しました。

本時では、まず一・二場面を場面分けしたあと、「おじいさんは、何回かぶを引っぱったのか」と子どもたちに問いかけます。すると、挿絵のみを手がかりとして考えた半数程度の子が「三回」であると答え、「かぶを引っぱっている絵が三つあるから」と根拠を挙げました。

それに対し、「六回」と言う子は、「『うんとこしょ、どっこいしょ。』が六回出てくるから」、「最初はおじいさん一人だけど、次はおばあさんと二人で、その次がおじいさん・おばあさん・まごの三人で、……最後はおじいさん・おばあさん・まご・いぬ・ねこ・ねずみの六人で引っぱるから」と、叙述を根拠として挙げました。叙述に注目できたことを価値付け、全員で教科書の「うんとこしょ、どっこいしょ。」の表現に傍線を引く作業を行い、確認の音読をしました。

その後、「場面」について説明し、三場面以降の場面分けをしていく中で子どもたちは、「四場面からは『〜は、―をよんできました。』の文で場面が始まること」、「『――、かぶはぬけません。』の文で場面が終わること」に気づいていきます。物語の「繰り返しと変化」を発見できたことを大いに褒め、正しく場面分けができたか確かめながら音読をし、物語の展開をとらえさせます。

次に、**本単元の学習の見通しをもたせるため、学習のゴールとして音読発表会を開こうと話しました**。音読発表会は参観日に行い、お家の人に音読を披露します。このことを伝える際、学習の目的意識をもたせるために、「上手な音読とは？」と子どもたちに問い、考えさせました。すると、「大きな声」「はっきりと」「よい姿勢」などが挙げられました。そこで教師は、もちろんそれらも大切だと認めたうえで、この音読発表会では、**「リズムよく読む」**ことと、**「なりきって読む」**ことに挑戦しようと呼びかけます。「リズムよく読む」ためには、授業や家庭での学習で何度も読み、ことばのまとまりや響きを感じることが求められます。また、「なりきって読む」ためには、場面の様子について想像を広げ、登場人物の行動や気持ちをイメージしなければなりません。この二つの目標を示したことで、子どもたちの学習への意欲が高まりました。

第1次は、第2次で〈イメージをつくる力〉・〈イメージを広げる力〉を育むために、全員を同じ土俵にのせるための時間であると位置づけ、このような流れで学習を進めます。**第1次で物語全体の大まかなイメージをつくり、全員で共有する**ことで、**第2次でそのイメージを広げていく**ことが容易になります。また、「登場人物」や「場面」といった学習用語についで確認しておくことも、国語科の学習として授業を成立させるためには重要です。

第2次 音読や動作化、吹き出しへの書き込みを通して、場面の様子や登場人物の気持ちについて想像を広げる。

第1時

一から三場面について、かぶの種をまき、育てるおじいさんの様子や気持ちを動作化しながら想像し、気持ちを吹き出しに書く。

指導目標

○かぶに対するおじいさんの思いや成長したかぶの様子を具体的に想像して音読や動作化をしたり、吹き出しに気持ちを書いたりすることができる。

おおきなかぶ

1、2、3ばめんのおじいさんになってよもう。

「あまい　あまい
かぶに　なれ。
おおきな　おおきな
かぶに　なれ。」

課題の共有

成長したかぶについてイメージをつくり、かぶを育てたおじいさんに目を向ける。

※教科書は平成27年度版光村図書を使用

考えの発表

おじいさんがかぶを植えて育てる様子についてイメージを広げ、動作化する。

深める問い

かぶを育てるおじいさんの気持ちやかぶを引っぱるおじいさんの気持ちを想像し、吹き出しに書く。

考えのまとめ

つくり広げたイメージを生かして音読する。

第1次では、話の展開を大きくとらえながら物語全体のイメージをつくり、共有してきました。

第2次では、それぞれの場面について、音読や動作化、吹き出しに気持ちを書くことなどを通して、「ことばの響きやリズムを感じる力」と〈イメージをつくる力〉・〈イメージを広げる力〉を育むことを目指します。

本時は、一場面から三場面のおじいさんの行動を中心に読み、おじいさんがかぶを植えて育てる様子や、成長したかぶの様子、一人でかぶを引っぱるおじいさんの気持ちについて具体的にイメージすることをねらっています。

【導入場面】

授業の実際の様子	教師の思考の流れ
T　（黒板に大きなかぶの絵を描く。）何だと思う？ C　かぶ！ C　大きなかぶ！ T　（黒板のかぶに葉を書き加えて）正解！　お話に出てくる大きなかぶのつもりです。 T　これって、こんなかぶだったね。（「あまい　おおきなかぶ」と板書。）言ってみる？ C　あまいおおきなかぶ？	➡全員を参加させたい。みんなが黒板を向くように、ゆっくりと間をとって提示しよう。

T　に、なりましたって書いてあったね。
C　違う。
T　違うの？
C　「あまいあまいおおきなおおきなかぶ」になったと思います。
C　同じです。
T　「あまいおおきなかぶ」と「あまいあまいおおきなおおきなかぶ」は、違うの？　同じだと思う人？
C　（手を挙げない。）
T　違うと思う人？
C　（ほとんどの子が手を挙げる。）
T　どんなふうに違うの？　お隣の人とお話ししてみて。
C　（ペアトーク　十五秒間。）
C　「おおきなおおきなかぶ」だったら、すごくでっかいけど、「おおきなかぶ」だったら、ちょっと小さめで、「あまいあまい」も同じで、「あまい」だったら少し苦くて、「あまいあまい」だったら苦味がないと思います。
T　大きさがもっと大きくて、味は苦味がなくなるんだね。大きさも味も、違うんだ。
C　「おおきなかぶ」だったら中ぐらいだけど、「おおき

➡叙述と異なることに気づいている子が多い。家で音読練習をきちんとしてきたんだな。本文の叙述を簡単に確認しよう。

➡ことばを繰り返すと、その意味が強調されることに気づいているな。大きさと味という二つの視点で話もできている。

➡大きさを具体的にイメージできているな。全体で共有

なおおきなかぶ」だったら、このくらい（背伸びして両手を広げる。）

T　なるほど！　わかりやすいね。みんなも○○くんみたいに、かぶの大きさを比べてみる？「おおきなかぶ」だったら、どのくらい？　じゃあ、「おおきなおおきなかぶ」だったら？

C　（それぞれの大きさを手で表す。）

C　「あまい」だったら、あまいのが半分で、「あまいあまい」だったら、すごくおいしいです。

T　△△くんの言っていることがわかる？　自分のことばで言える人？

C　「あまい」だったら、ふつうにおいしいかぶで、「あまいあまい」だったら、食べたことがないくらいおいしい。

T　すごい、よく考えているね。（板書の「あまいおおきな」を「あまいあまいおおきなおおきな」に置き換える。）こんなかぶができたんだね。さんはい。

C　「あまいあまいおおきなおおきなかぶ」

T　こんなかぶを、ある日おじいさんはたまたま見つけたんだっけ。ラッキーなおじいさんだよね。

C　違う。おじいさんが！　種を！

しよう。

⬇そうか、あまい＝おいしいということがわからない子ももしかしたらいるかもしれない。押さえておこう。

ポイント

⬇作品のかぶの様子のイメージづくりはできた。本時はおじいさんのイメージを広げさせたいから、ここでおじいさんに目を向けさせよう。

T　違うの？
C　おじいさんが、種をまいて、育てました。
C　「おじいさんが、かぶのたねをまきました。」って書いてあります。
T　本当に？　どこに書いてあったの？　証拠を見つけて指を置いてみて。
C　（教科書の文を指す。）
T　（全員が指したのを確認して）証拠を読んでみる？　さんはい。
C　「おじいさんが、かぶのたねをまきました。」
T　そうなんだ。このかぶって、おじいさんが種をまいてできたかぶなんだね。おじいさんはどんなふうに育てたのかな。今日はみんなでおじいさんになって読んでみようか。（めあてを板書する。）

ポイント
➡叙述と対応させる習慣をつけたい。短い時間で確認しよう。
➡おじいさんがしたことを読みとっているな。学習の課題を投げかけよう。

導入場面ではまず、成長したかぶのイメージをつくり全体で共有することから始めます。「あまいおおきなかぶ」という、**本文に書かれていることばとは違うことばを提示する**ことで、子どもたちは「あまいあまいあまいおおきなおおきなおおきなかぶ」という表現によってかぶのおいしさや大きさが強調されていることに気づき、題名にもなっている「おおきなかぶ」のイメージをつくっていきます。かぶの大きさを体を使って表したり、「あまい」ということばを「おいしい」

ということばに置き換えたりすることで、かぶの味や大きさのイメージづくりができるようにしました。
そうしてかぶの具体的なイメージが共有できたところで、おじいさんに目を向けさせる発問を行いました。明確になった「かぶ」のイメージに「おじいさん」という人物が加わってくることで、子どもたちは「成長したかぶ」と「おじいさんの営み」との関係を考え始めます。

【展開場面】

授業の実際の様子

T　これって、おじいさんが種をまいた次の日にできたんですよね？
C　次の日？　じゃない。
T　違うの？　じゃあどれくらいかかったのかな？
C　（口々に）一週間。三週間。
C　三か月くらいです。
T　○○さんは、三か月くらいで大きくなったものを知っているの？
C　お家のにんじんが三か月でできたからです。
C　九か月。「おおきなおおきなかぶになれ。」って言ってるから、時間がかかる。

教師の思考の流れ

ポイント
➡時間の経過に気づかせたい。

➡子どもたちは、作物が育つまでどれくらい時間がかかるか知っているのだろうか。
➡○○さんの家には家庭菜園があったな。経験に基づいているのかもしれない。
➡大きくなるには時間がかかるということは理解しているのだな。

T　一週間や二週間では大きくならないってことなんだね。何か月もかかるんだ。おじいさんは、その間お家でゲームでもしてたのかな。
C　違う。
C　ほっといたらいけない。
T　ほっといたらいけないの？
C　水やりをしないと、大きくならないと思います。
C　肥料をやったり、お水をやったりしたと思います。
T　本当に？　お水をあげなくても勝手に大きくなるんじゃないの？
C　もしお水をあげなかったら、枯れてしまう。
C　水やりのあとに、毎日「あまいあまいかぶになれ。おおきなおおきなかぶになれ。」って言っていたと思います。
C　いつも見ていたと思います。
C　かぶを大切にしたと思います。
T　なるほど。おじいさんはこんなことをしてたんだね。書いていないのに想像できていてすごい！　じゃあ先生がナレーターをするから、前でおじいさん役をやってみたい人？
T　（代表の子どもを指名し、お面を渡す。）
T　（地の文を読む。）

⬇かぶを育てるおじいさんの様子について、イメージを広げさせたい。まずは、行動から想像させよう。

⬇おじいさんの行動について、知識や経験と結びつけてイメージを広げているな。

● ポイント
⬇「大切にした」という、おじいさんの気持ちに関わる部分も話し始めたな。動作化をしてイメージを広げる段階に入ろう。おじいさんの行動のイメージをまだつくることができていない子もいるだろうから、大体のイメージをつかませるために、一人に動作化させてみんなで見よう。

C （代表の子どもがお面をつけ、前で動作化。）（立ったまま雑に種をまいている。）
C もっとやさしく植えないと。
T やさしく？　どんなふうに？
C 地面に指で穴をあけて。
C 丁寧に植える。
T なるほど。もう一回最初からしてみる？　（一・二場面の地の文を読む。）
C （代表の子ども、挿絵のように種を一粒ずつまく。水やりや肥料を与える動きをする。）
T （一・二場面を動作化したあと、動作化した子どもにマイクを向けるふりをして）○○（児童の名前）おじいさん、どんな気持ちでかぶの種をまきましたか？
C 絶対大事にするぞ。
T （吹き出しを書いて板書。）○○おじいさんはそんな気持ちでかぶの種をまいて、水やりをしたりしていたんだね。
C （次に役をやりたい子が手を挙げている。）
T おじいさんになってみたい人がたくさんいるね。みんなもおじいさんになって、かぶの種をまいて育ててみる？　おじいさんたち、立ちましょう。

⬇おじいさんの行動を具体的にイメージし始めているな。どんな種のまき方だと思うか全体に問おう。

⬇時間の流れをイメージさせるために、一場面と二場面の間はしっかりと間をとろう。

⬇動作化することで、おじいさんに同化しただろう。気持ちを言語化させて、吹き出しを書く活動の布石にしよう。

T （一・二場面の地の文を読む。）
C （全員で動作化。）
T ◇◇おじいさん、（「あまいあまいかぶになれ。おおきなおおきなかぶになれ。」の）言い方が上手だね。もう一回言ってみて。
C 「あまいあまいかぶになれ。おおきなおおきなかぶになれ。」（ゆっくりと願いをこめているように読む。）
T みんなももう一回やってみる？ さんはい。
C 「あまいあまいかぶになれ。おおきなおおきなかぶになれ。」（優しく語りかけるように言う子が増える。）
T 「……かぶになりました。」（動作化の直後、インタビューに回るように）□□おじいさん、どんな気持ちでかぶの種をまきましたか？（何人かの子に続けて聞く。）
C 早くおおきなかぶになあれ。
C おいしいかぶになれよ。
T なるほど。おじいさんになりきっていてすごい！ おじいさんたち、座りましょう。かぶの種をまいて、育てたおじいさんの気持ちがわかってきたね。おじいさんの気持ちをことばで書いてみよう。教科書のおじいさんの絵の隣にこんなふうに（板書の吹き出しをな

⬇おじいさんの台詞の読み方を考えさせたい。上手な子を取り上げて、自分自身の読み方を振り返らせよう。

⬇一人一人が、おじいさんの気持ちをイメージできるようにしたい。いきなり吹き出しに書くのは難しい子もいるだろうから、書くときの手がかりになるように、まず何人かに気持ちを発表させておこう。

ぞる。）吹き出しを書いて……。おじいさんが、どんな気持ちでかぶの種をまいたか、ことばで書いてごらん。

C　（教科書の挿絵に吹き出しを書き、気持ちを想像して書く。三分間。）

T　（机間指導。）

T　どんな気持ちか教えてください。☆☆おじいさん。

C　絶対枯れないようにするぞ。

C　大きなりっぱなかぶになれよ。

C　パーティができるくらいのかぶになれよ。

C　いつも水やりするぞ。

C　おいしいかぶに早くなあれ。

T　おじいさんになりきって気持ちを考えているね。すごい！　りっぱなかぶになあれっていう気持ちと、お世話をがんばるぞっていう気持ちがあるんだね。そんな気持ちでもう一回おじいさんになってかぶの種をまいてみようか。

T　（一・二場面の地の文を読む。）

C　（全員で動作化。）

T　「……かぶになりました。」そのかぶを見た★★おじいさん、感想をどうぞ！（マイクを向けるふりをする。）

C　どひゃあ。

⬇多くの子が叙述をもとに「成長への願い」を想像して書けているな。「世話をすることへの決意」を書いている子もいる。かぶの種をまいたあとのおじいさんの行動からイメージを広げているな。大きく分類すると、この二つかな。

⬇「成長への願い」と「世話をすることへの決意」をイメージしたことばが出た。簡単にまとめて次に進もう。

ポイント

⬇教科書には二場面の挿絵がない。動作化をしておじいさんに同化している今のタイミングでおじいさんの気持ちを言わせたり、表情やポーズをつくらせ

C　こりゃあたまげた。
C　おお、こんなの食べられない。
C　大きくなったなぁ。
T　大きいかぶに育ってびっくりしたんだね。続きをしてみるよ。（二場面の地の文を読む。）
C　（全員で動作化。「うんとこしょ、どっこいしょ。」のせりふを動作をつけて音読する。）
T　☆☆おじいさん、本当に引っぱってるみたい！　みんなで見てみる？（一人の子どもを指名して動作化させる。）
C　（代表の子ども）「うんとこしょ、どっこいしょ。」
C　じょうず！
T　みんなももう一回やってみよう。「かぶをおじいさんがひっぱって、」
C　「うんとこしょ、どっこいしょ。」（動作をつけて。）
T　もっと力が出そう！
C　「うんとこしょ、どっこいしょ。」（さらに大きな声、動作になる。）
T　がんばれ、おじいさん！
C　「うんとこしょ、どっこいしょ。」（力いっぱい引っぱる。）

ることで、具体的なイメージをもたせよう。

⬇二場面のおじいさんのイメージは大体つかめているな。

⬇☆☆くんは、「しょ」で体をしっかり後ろに動かしている。動きとせりふが連動しているな。

ポイント
⬇どこが「じょうず」だと思ったか聞いて、音読・動作化の工夫を言語化しようか。いや、そうすると間延びしてしまいそうだ。ひとまず、もう一度全員で動作化しよう。

⬇最初と比べて、それぞれに工夫して動作化しているな。わざわざ言語化しなくてもよいだろう。

⬇力いっぱい声を出し引っぱる感覚を味わったな。△△さんと▲▲さんは恥ずかしいのか、最後まで声と動きが

T 「けれども、かぶはぬけません。」
C つかれたあ。
C はあ。
T おじいさんたち、座りましょう。力いっぱい引っぱったね。「けれども、かぶは」？
C 「ぬけません。」
T おじいさん、（かぶを引っぱるおじいさんの挿絵を指しながら）かぶを引っぱっているとき、どんな気持ちだったかな。気持ちを書きましょう。
C （教科書の挿絵に吹き出しを書き、気持ちを想像して書く。二分間。）
T （机間指導。）
T どんな気持ちか教えてください。◎◎おじいさん。
C ぜんぜん抜けないな。
C もうひとがんばりじゃ。
C そんなに大きく育ったのか。
C 早く食べたいわい。
C 食べたいのになんで抜けないんだ。
T 一生懸命引っぱっているおじいさんは、そんな気持ちだったんだね。おじいさんになりきっているね。すごい！　今度は役に分かれてみようか。

小さかったが……。うーん。

➡動作化をした経験を叙述と結びつけてイメージを広げられるだろうか。

➡「抜けないことへのもどかしさ」を想像して書いている子が多い。成長したかぶの大きさのイメージを広げて、「大きさへの驚き」を書いている子もいるな。

➡動作化と吹き出しで、おじいさんに同化してイメージをつくり広げることは概ねできた。広げたイメージをもとに音読をしよう。

C（一から三場面を地の文とおじいさん役に分かれて音読。おじいさん役は動作つきで。役割を入れ替えて何度も行う。）

展開場面では、まず、おじいさんがかぶの種をまいて育てる様子についてイメージを広げることをねらいました。本文には、おじいさんがかぶの種をまいてからかぶができるまでの様子について一切描かれていません。植物が成長するまでの時間と育てる人の手間暇は子どもたちにとってイメージしにくいと思われます。そこで、「かぶが成長するまでにかかった時間→その間におじいさんがしたこと→どんな気持ちで世話をしたか」という流れで、イメージを広げる学習を行います。

「かぶが成長するまでにかかった時間」については、植物を栽培したことのある子どもの経験等からある程度想像させることができるでしょう。ただし、小学校一年生段階の子どもの時間の感覚は大人のそれとは大きく異なります。一日と一か月の違いはさすがにわかりますが、三か月と九か月の違いとなると実感を伴わない数字上のものとなるようです。ですので、ここでは「かぶはすぐに育つのではない。結構な時間がかかるものだ」というイメージをもてればよいと考え、話し合いを切り上げます。

次に、「おじいさんがしたこと」について、イメージを広げます。かぶを育てるおじいさんの様子は叙述にも挿絵にも表れていません。子どもたちは、「『あまい　あまい　かぶに　なれ。おおきな　おおきな　かぶに　なれ。』　あまい　あまい、おおきな　おおきな　かぶに　なりました。」という叙述と自分の知識や経験とを結びつけて、おじいさんの行動についてイメージを広げていくことになります。子どもたちは、生活科でのアサガオの栽培経験や家庭菜園の経験、これまで得た知識などから、おじいさんがしたであろう「水やり」「追肥」等の行動をイメージに加えていきます。その後、**広げたイメージを具体化するために、動作化を行う**とよいでしょう。おじいさんになりきって、かぶを育てる追体験をすることで、「かぶを大切にしている」というおじいさんの心情にも自然と気づいていきます。

この動作化にあたって気をつけることは、**全員で動作化をする前に、代表の子ども一人が前に出て動作化をし、それをみんなで「見る」場を設定する**ことです。この「見る」活動の目的は二つあります。一つは、これから自分たちが行う「動作化」という活動について全員が理解するという目的です。教師が読む地の文に合わせておじいさんになりきって動き、おじいさんのせりふを言う、その活動を一度見ることで、自分たちがこれから何をするのか把握し、スムーズに活動できるようになります。もう一つの目的は、おじいさんの行動を具体的にイメージさせるきっかけをつくることです。友達によって表現されたおじいさんの動きを見て、「そんなふうに種をまいたかもしれない」「おじいさんだからゆっくりしゃべってるんだ」などとイメージづくりの参考にしたり、「もっと丁寧に種をまいたんじゃないか」「おじいさんはもっと腰が曲がってるよ」などと自分のイメージとの違いを感じたりすることで、おじいさんの動きや話し方を具体化してイメージできるようにします。

その後、「おじいさんがどんな気持ちでかぶの世話をしたか」、「おじいさんがどんな気持ちでかぶを引っぱったか」についてイメージを広げることをねらいます。そのために、「動作化」と「吹き出しへの気持ちの書き込み」という二つの手立てを設定しました。子どもたちは様々な表現で気持ちを吹き出しに書きます。教師は机間指導や発表の際に、子どもたちの考えを分類・整理し、まとめたり次の展開に生かしたりできるようにすることが大切です。

第2時

四から七場面について、呼んでくる人物と呼ばれる人物の会話や、かぶを引っぱる様子と抜けなかったときの気持ちを動作化しながら想像し、気持ちを吹き出しに書く。

指導目標

○かぶを抜くために力を合わせている様子やなかなか抜けないかぶに対する人物の気持ちを具体的に想像し、音読や動作化をしたり、吹き出しに気持ちを書いたりすることができる。

おおきなかぶ

4・5・6・7ばめんの
（　）になってよもう。

けれども、かぶは　ぬけません。
それでも、かぶは　ぬけません。
やっぱり、かぶは　ぬけません。

課題の共有

本時学習する場面の登場人物を確かめ、「なりきって読む」ことへの意識を高める。

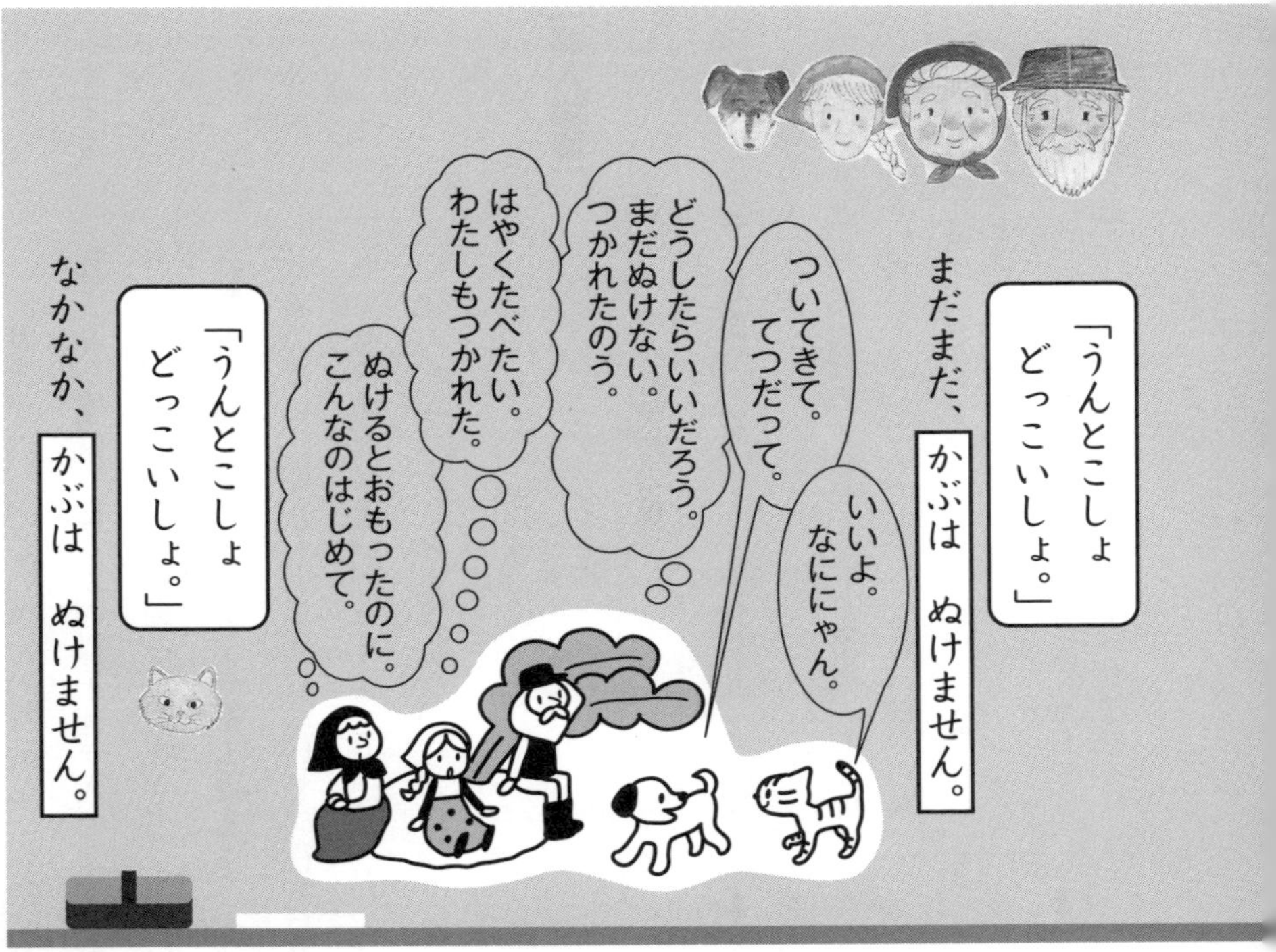

※教科書は平成27年度版光村図書を使用

考えの発表

呼んでくる人物と呼ばれてくる人物の会話や、かぶを引っぱる様子を想像し、動作化する。

深める問い

なかなかかぶが抜けないことに対する人物の気持ちを想像し、吹き出しに書く。

考えのまとめ

つくり広げたイメージを生かして音読する。

前時までは、おじいさんの行動を中心に読むことで、おじいさんがかぶの種をまいて育てる様子や、成長したかぶの様子、一人でかぶを引っぱるおじいさんの気持ちについてイメージをつくり、広げました。動作化と吹き出しへの気持ちの書き込みを通して、叙述と自分の知識や経験とを結びつけ、イメージを広げることができたことでしょう。

本時では、四から七場面について、役割に分かれて動作化したり、登場人物の気持ちを想像して吹き出しに書いたりすることで、「引っぱる→抜けない→呼んでくる」という繰り返しと変化のおもしろさを実感しながら、物語世界のイメージをさらに広げていくことをねらいます。

【導入場面】

授業の実際の様子	教師の思考の流れ
C「(一から三場面を音読。)……けれども、かぶはぬけません。」 T(「けれども、かぶはぬけません。」と板書。)おじいさんだけでは抜けなかったんだね。今日は、続きの場面を学習しましょう。(めあての提示。) C(めあてを読む。) T(板書の「(　　)になって」を指して)今日は、おじいさんだけではなくて、他の誰になって読むと思	⬇おじいさんが育てたかぶの大きさやおじいさんがかぶを引っぱる気持ちを想起できたかな。 ⬇全員が発表できる発問をして参加を促そう。

う？

C　おばあさん。

C　まご。

C　いぬ。

C　ねこ。

T　そうだね。この登場人物たちになりきってお話を読んでみよう。四場面の最初の文を読んでみましょう。

C　「おじいさんは、おばあさんをよんできました。」

T　おじいさんは、何て言っておばあさんを呼んできたのかな。ちょっとお隣の人とお話ししてみて。

C　（ペアトーク　十秒間。）

T　（指名しておじいさんのお面を渡す。）おばあさん役もいるね。おばあさんをやってみる人？（指名しておばあさんのお面を渡す。）

T　「おじいさんは、おばあさんをよんできました。」

C　《おじいさん役》おばあさんや、ちょっと手伝っておくれ。

C　《おばあさん役》いいですよ。

T　なるほど、そんなふうにお願いして呼んできたんだね。次におじいさんになってみたい人？　おばあさんになってみたい人？（他の子を指名。）じゃあ、「おじい

➡順序を意識して出してきたな。

➡書かれていないせりふを考えるのは、どのくらいできるのだろう。ペアトークをさせて様子を見よう。「手伝って」ということばを使っている子が多いな。イメージはできているようだ。

➡おじいさんらしい口調も工夫している。

➡もう一組に発表させて、おじいさんとおばあさんの会話のイメージを広げよう。

さんは……」からみんなで読んであげましょう。どうぞ。
C　「おじいさんは、おばあさんをよんできました。」
C　《おじいさん役》かぶが重たいから手伝ってくれよ。
C　《おばあさん役》はいはい。
T　（代表の子ども二人を前に出したまま）続きもみんなで読んでみよう。
C　（四場面の続きを音読。代表の子どもは音読に合わせて動作化を行う。）「それでも、かぶはぬけません。」
T　二人でがんばっても抜けないんだ。（「それでも、かぶはぬけません。」と板書。以下同様。）
T　（まご役を指名し、お面を渡す。）
C　「おばあさんは、まごをよんできました。」
C　《おばあさん役》おじいさんと二人じゃ、かぶが抜けないから、ちょっと手伝っておくれ。
C　《まご役》いいよ。
C　（五場面の続きを音読。代表の子ども三人が前で動作化。）
T　（いぬ役を指名しお面を渡す。）
C　「まごは、いぬをよんできました。」
C　《まご役》いぬさん、いぬさん、大変だから手伝って。

⬇かぶが「重たい」と表現しているのがおもしろい。かぶの具体的なイメージをもっているのだな。

ポイント
⬇導入場面では、人物の行動をイメージさせることに重点を置きたい。気持ちまでは扱わず、テンポよく通読しよう。

⬇やはり、呼ばれてくる人の返事が単調になってしまう。かといって、そう長く会話をする場面とも思えないから、よしとしよう。

⬇「大変だから」と、かぶがなかなか抜けない状況やまごの気持ちを想像しているな。

C　《いぬ役》わかったワン。

C　（六場面の続きを音読。代表の子ども四人が前で動作化。）

T　（ねこ役を指名しお面を渡す。）

C　「いぬは、ねこをよんできました。」

C　《いぬ役》手伝ってワン。

C　《ねこ役》いいよ、手伝うニャン。

C　（七場面の続きを音読。代表の子ども五人が前で動作化。）

T　すごいね。五人とも、役になりきってお話ししたりかぶを引っぱったりしていたね。みんなも役になりきって読んでみたいですか？

C　やってみたい！

ポイント

⬇動作化を見ながら四から七場面を音読したことで、人物の行動をイメージして共有することができただろう。一人一人に〈イメージを広げる力〉をつけるために、全員で動作化をしよう。

導入場面では、動作化をしたり見たりしながら本時で扱う場面を通読することで、登場人物の行動についてイメージをつくり、広げていきました。「呼んでくる人物」と「呼ばれる人物」がどんな会話を交わしたかは、もちろん本文には書かれていません。書かれていないことを自分で想像して言うことに初めは戸惑いもありますが、場面を追うごとに楽しんでせりふを考え、動作化に加えていくことができます。

代表の子どもによる動作化が一通り終わったあと、一人一人に人物の行動についてのイメージを広げさせるため、全員で動作化をします。教室の一列（五人）で、一番前に座っている子がおじいさん、二番目の子がおばあさん……と役割を決め、座っている子どもが地の文を読むようにします。多くの子が「手伝って。」「いいよ。」という会話のやりとりを動作化に加えていきます。この活動によって、本文には書かれていないが登場人物同士はコミュニケーションをしているというイメージを広げていきます。

【展開場面】

授業の実際の様子	教師の思考の流れ
C　（全員で七場面まで動作化しながら音読。）「なかなか、かぶはぬけません。」 T　今、どんな気持ち？　○○おじいさん。（マイクを向けるふりをする。） C　早く食べたい。 T　□□おばあさん。 C　まだできない、悲しい。 T　■■まごさん。 C　こんなにがんばってるのに。	⬇行動についてのイメージは広がっただろう。次は人物の気持ちについてイメージを広げていこう。動作化が終わって人物に同化している今のタイミングで、気持ちを言わせよう。 ⬇何度も引っぱる動作をしたことで、「抜けないもどかしさ」を実感したようだ。 ⬇「こんなに」ということばが出てきた。一生懸命になって引っぱる人物の気持ちに同化しているな。

T　役になりきって読めたね！　座りましょう。おじいさんだけでは……「けれども、かぶは？」
C　「ぬけません。」
T　おばあさんと二人で……「それでも、かぶは」？
C　「ぬけません。」
T　まごと三人でも……「やっぱり、かぶは」？
C　「ぬけません。」
T　いぬが来ても……「まだまだ、かぶは」？
C　「ぬけません。」
T　こんなにずっと抜けないんだね。（黒板に七場面の挿絵を貼る。）（間をとって）このとき、おじいさんはどんな気持ちだったんだろう？
C　なかなか抜けなくて悲しい。
C　どうしたらいいだろう。
T　まだ他にも考えがあるの？　すごい！　じゃあ、自分の教科書に、おじいさんの気持ちを考えて書いてみる？　おじいさんの気持ちが書けた人は、おばあさんとまごの気持ちも書けたらすごいね。
C　（教科書の七場面の挿絵に吹き出しを書き、気持ちを想像して書く。五分間）
T　三人分の気持ちが書けた人は、いぬとねこが何てお

ポイント

➡抜けてほしいのに抜けないというもどかしさや一生懸命引っぱる気持ちをいろんなことばで表現しているな。その気持ちのもととなる叙述を全体で確かめておこう。

➡「抜けない」という結果が続いていることがしっかりと認識できたかな。人物の気持ちを具体的に言語化してイメージさせたい。吹き出しに書く前に、何人かに発表させよう。

➡前時の活動を覚えているから、吹き出しに気持ちを書くことに戸惑いはないようだ。

➡「疲れた」「早く抜けてほしい」などと書いている子がほとんどだな。動作化をして気持ちを実感できたのだろう。「あきらめないぞ」と前向きなことばを書いている

話ししてるのかも考えて書いてみよう。
T　（机間指導。）どんなことを書いたか、隣の人にお話ししましょう。
C　（ペアトーク　三十秒間。）
T　（挿絵を指しながら）このとき、どんな気持ちなのかな。誰の気持ちでもいいよ。発表しましょう。
C　おばあさんの気持ちで、「早く抜けてほしいな。」
T　（板書する。以下同様。）
C　おじいさんは「疲れたのう。」って思っています。
C　おばあさんの気持ちで、「おじいさんかわいそう。」
T　かわいそう？　おばあさんは、おじいさんのことかわいそうって思っているの？　みんなはなんで○○さんが「かわいそう」って言ったかわかる？
C　おじいさんはずっと引っぱってるのに抜けなくて、おばあさんはかわいそうと思ったんだと思います。
C　がんばっても抜けなくて、疲れているから、かわいそうなんだと思います。
C　７場面の絵で、おじいさんの方を見ていて、疲れているのがおばあさんにはわかる。
T　なるほど、おじいさんがずっと一生懸命引っぱってるのをおばあさんはよくわかってるんだ。おじいさん

子もいるな。
➡考えを交流させよう。

➡「かわいそう」？　おじいさんに対するおばあさんの気持ちを考えたのか。きっとおじいさんへの「いたわり」の気持ちを表現したことばだろう。おもしろい。全体で共有しよう。

➡やはり挿絵は子どもたちにとって、気持ちを考えるために大きな手がかりになっているな。
➡人物同士の関係や相互の思いへもイメージを広げているようだ。

のことを心配しているのかもしれないね。○○さんは、おばあさんのそんな気持ちを想像したんだね。他にはどんなことを書いた？

C　おばあさんの気持ちで、「今度は抜けると思ったのに。」

C　まごの気持ちで、「早く抜いて、食べたいな。」

T　早く食べたいんだ。抜けたらまごは一人占めして食べるのかな？

C　えー。

C　みんなで食べたいと思ってる。

T　そうなの？　どうしてそう思うの？

C　すごく大きいから一人では食べられないからです。

C　おじいさんが育てたかぶだから、まごだけで食べるのはおかしい。

C　みんなで食べたほうがおいしいからです。

T　なるほど、そうか。みんな、仲よくかぶを食べるのを楽しみにして、力を合わせてがんばっているのかもしれないね。まだ他に気持ちを考えた人？

C　まごで、「わたしも疲れたわ。」

C　おばあさんの気持ちで、「こんなに抜けないのははじめて。」

➡人物同士の関係や相互の思いについて、もう少しイメージを広げさせてみよう。協力して引っぱっていることに目を向けさせるには……。「みんなで」ということばを子どもたちから引き出したい。

➡しまった。「どうしてみんなで食べたいか？」という問いでは、協力にはつながらない。発問を誤った。反省。切り上げよう。

➡「協力」については次の時間に取り上げよう。

C　いぬが「手伝って。」と言って、ねこが「いいよ。」と言っていると思います。
C　いぬが「ついてきて。」と言って、ねこが「何ニャン。」と言ってついていってると思います。
T　すごいね。お話の中には書いていないけど、おじいさんやおばあさんやまごやいぬやねこになって、気持ちやことばを考えられたね！　その気持ちになって、みんなでもう一回役になりきって読んでみよう。その後、動作化なしで音読。
C　（二回目とは役を替えて全員で動作化。その後、動作化なしで音読。）

⬇黒板が埋まってきた。人物の気持ちについてほとんどの子がイメージを広げることができただろう。
⬇書いてないことを文脈から想像できたことをしっかりと価値づけよう。

展開場面では、動作化や吹き出しへの記述を通して人物に同化し、人物の気持ちについてイメージを広げていくことをねらいます。

役を割り振って全員で動作化をしながら音読をすることで、かぶを引っぱる人物が一人ずつ加わるごとに「うんとこしょ、どっこいしょ。」のかけ声が響きを増していき、物語全体のボルテージが上がっていくのを実感できます。この動作化のように、友達と触れ合いながら声を合わせて読むことは、国語科授業ならではの経験です。一人で読むときとはまた違うおもしろさや感動を味わい、物語の世界がもっと楽しくなります。

動作化のあと、人物の気持ちを具体的に想像させるために、前時にも行った吹き出しへ気持ちを書く活動を設定します。本時で扱う本文には、五場面と七場面に対応する挿絵があります。七場面を選んだのは、「かぶを引っぱる様子以外」が描かれているためです。本文には書かれておらず動作化の際にも意識されにくい、かぶが抜けないことに対する思いを想像させる手がかりとして、この挿絵は大きな役割を果たします。人物の表情や座り方、位置関係などを挿絵から読みとることで、イメージを広げていくことができます。

しかし、実際には、展開例のように、人物の気持ちについての話し合いをうまく進めることができないこともあります。その原因は、**「本時で子どもたちに何をどこまで考えさせるのか」が明確になっていないため**です。ある子が発言した「かわいそう」ということばから「人物同士の思いやり」→「協力」へと向かわせようとしましたが、本時では「協力」までは扱うべきではありませんでした。「かぶが抜けないもどかしさ」や「あきらめない前向きな思い」などをいろいろなことばで表現できていることをしっかりと見とり、価値づけていくのが本時の軸となるべきところです。

「協力」というテーマについては、次時にかぶが抜けた場面を取り上げるときにこそ、話し合いの必然性が生まれるでしょう。

第3時

八・九場面について、かぶを引っぱるときとかぶが抜けたときの様子から登場人物の気持ちを音読や動作化しながら想像し、吹き出しに書く。

指導目標

○かぶを抜くために力を合わせている様子ややっと抜けたかぶに対する人物の気持ちを具体的に想像し、音読や動作化をしたり、吹き出しに気持ちを書いたりすることができる。

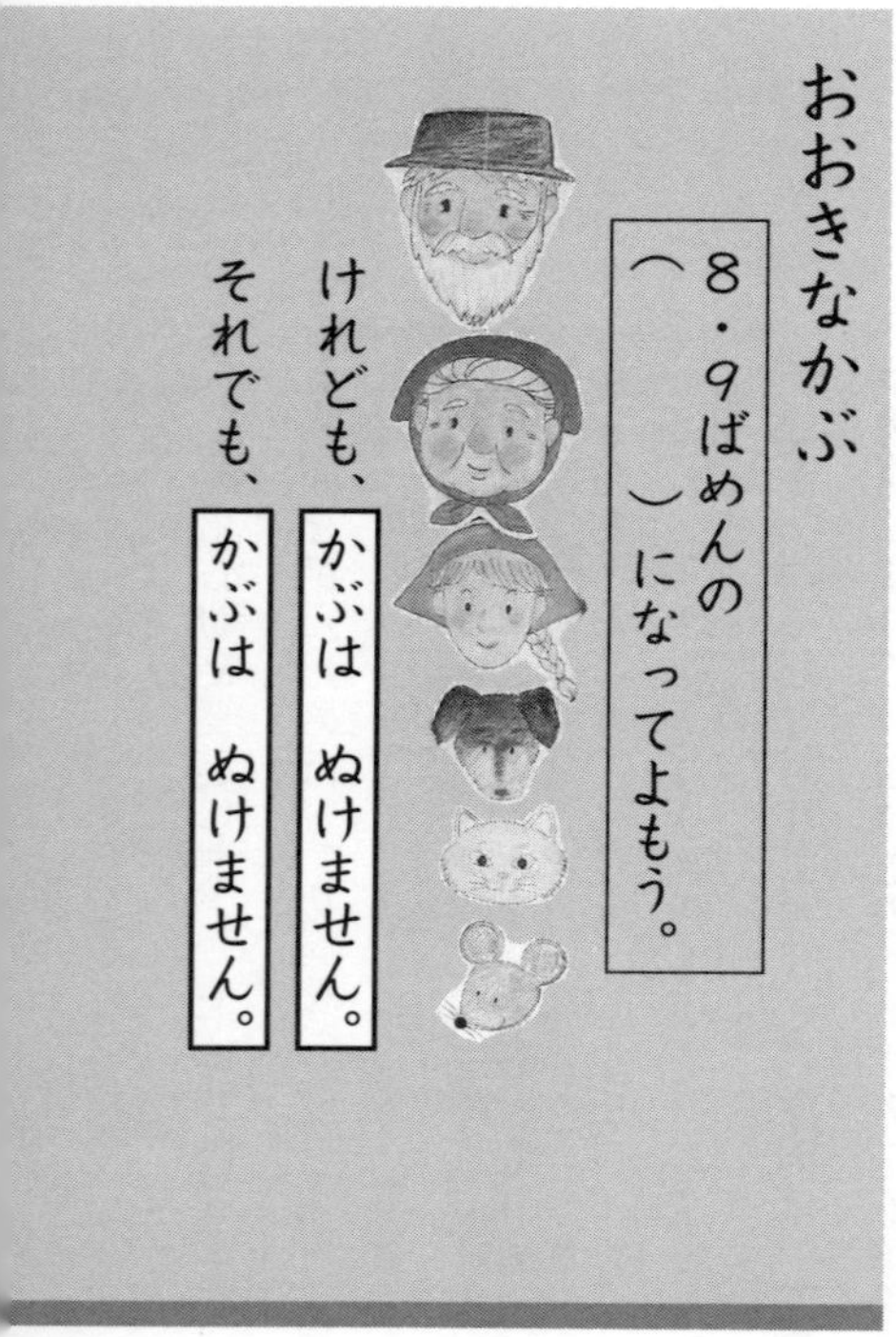
おおきなかぶ
8・9ばめんの（　）になってよもう。
けれども、かぶは　ぬけません。
それでも、かぶは　ぬけません。

課題の共有

本時学習する場面の登場人物を確かめ、「なりきって読む」ことへの意識を高める。

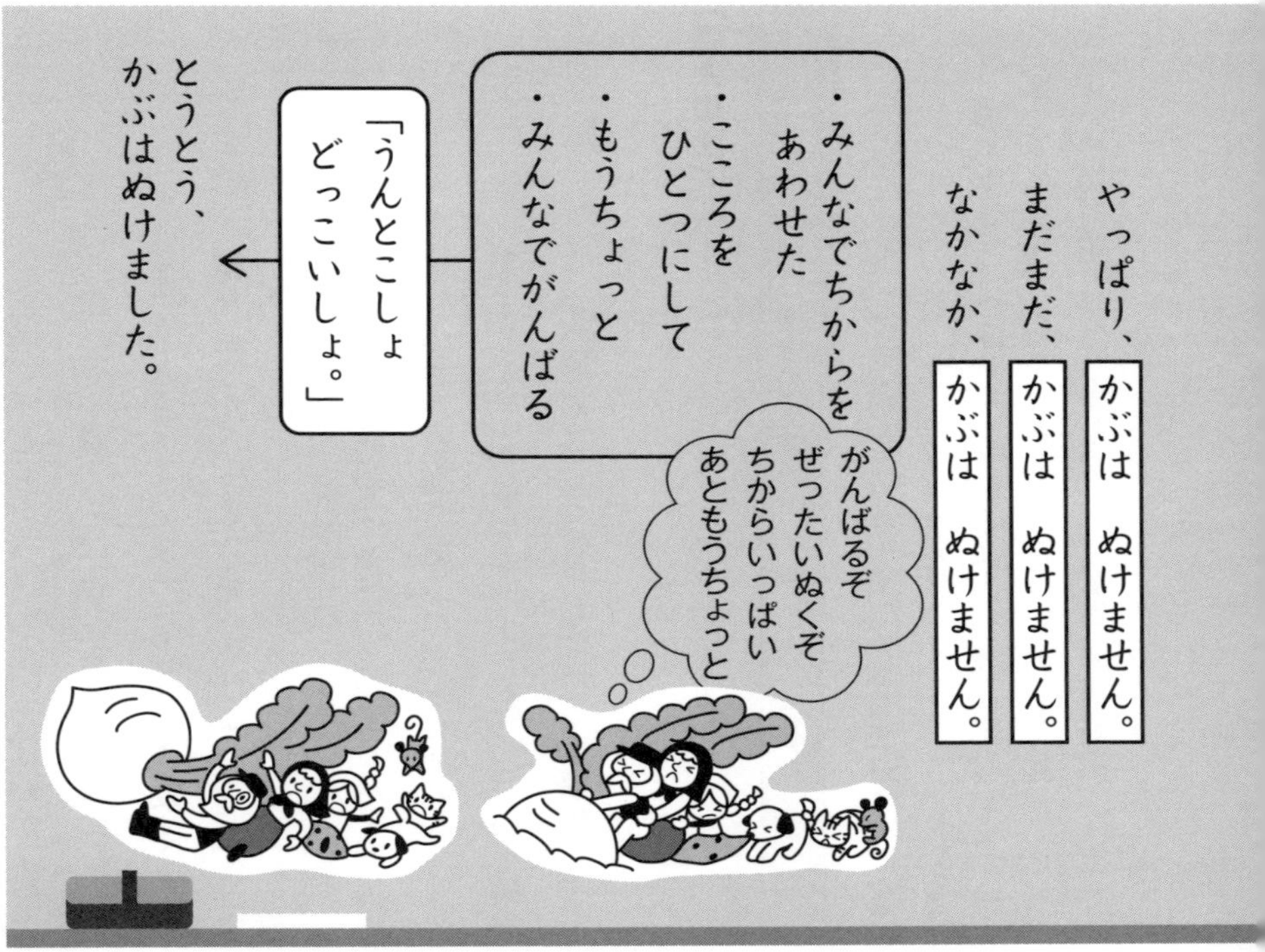

※教科書は平成27年度版光村図書を使用

考えの発表

呼んでくる人物と呼ばれる人物の会話や、かぶを引っぱる様子を想像し、動作化する。

深める問い

かぶが抜けたときの人物の気持ちを想像し、吹き出しに書く。「なぜかぶは抜けたのか」を考え、物語のテーマについて話し合う。

考えのまとめ

広げたイメージを生かして音読する。

前時で子どもたちは、力いっぱいかぶを引っぱる様子や呼んでくる人物と呼ばれてくる人物の会話等を考え、交流しました。役になりきって動作化をすることで、登場人物たちをより生き生きとイメージすることができたようです。また、「引っぱる↓抜けない↓呼んでくる」の繰り返しから生まれる、抜けないかぶに対するフラストレーションを人物に同化して味わいました。

本時は、物語が大団円を迎える八・九場面について、イメージを広げていくことをねらいます。小さな存在であるねずみも加わり、登場人物全員で心を一つにかぶを引っぱる様子や、「とうとう、かぶはぬけました。」という結末に至ったときの一同の喜びなどを、体験的にイメージさせることを目指して授業を構想しました。

【導入場面】

授業の実際の様子	教師の思考の流れ
C（一から七場面を音読。）「なかなか、かぶはぬけません。」 T　音読がすごく上手になっているね！　音読発表会が楽しみになってきたね。さあ、今日はいよいよ、おしまいの場面まで学習しましょう。（めあての提示。）	⬇前時までにつくり広げてきたイメージを頭の中に描けるようにしたい。動作化はせず、役割を割り振って声の重なりを感じながら全員で音読しよう。

C　（めあてを読む。）

T　（板書の「（　　）になって」を指して）今日は、誰になって読むのかな？　まず？（おじいさんの絵を裏返しにして提示する。）

C　（全員で）おじいさん。

T　（おじいさんの絵を貼る。以下、ねずみまで同様。）

T　今日はこの六人になって読んでみよう。八場面は、誰が誰を呼んでくるのかな？

C　ねこが、ねずみを呼んできます。

C　同じです。

T　絶対に？　証拠の文に指を置いて教えて？

C　（教科書の叙述を指す。）

T　証拠の文をみんなで読んでみましょう？　さんはい。

C　「ねこが、ねずみをよんできました。」

T　（お面を見せて）呼んでくるねこをやってみる人？（指名してねこのお面を渡す。）ねずみは……。今日は先生がねずみになってみようかな。（ねずみのお面をつける。）八場面の最初をみんなで読みましょう。

C　「ねこは、ねずみをよんできました。」

C　《ねこ役》ねずみさん、かぶが抜けないからちょっと手伝ってくれる？

➡全員が答えられる発問で参加を促そう。挙手形式にすると間延びするから、全員で声を合わせて答える形式でさっと流そう。

➡叙述に戻って、場面の始まりの文を意識させたい。本時で扱う場面が教科書のどのページなのかわからない子を出さないためにも、全員で確かめよう。

ポイント

➡展開場面で、物語のテーマについて話し合いをするために、導入場面では、「ねずみが小さな存在であること」に気づかせておきたい。教師がねずみ役になって、揺さぶりをかけよう。

T　（間をとって）《ねずみ役》え……。ぼく、行かない。きっと、役に立てないよ……。
C　えーっ！
C　先生、お話と違う！
T　（ねずみのお面を外して）ねずみさん、何だか心配そうだったね。何で「役に立てない」って言ったのか、ねずみさんの気持ちがなんとなくわかる？
C　うーん。
T　ねずみさんは何で「役に立てない」って言ったのかな？　隣の人とちょっと相談してごらん。
C　（ペアトーク　二十秒間。）
C　ねずみは小さいから、役に立てないって言ったと思います。
C　同じです。
C　ねずみは、小さいし、力がないから、自分が手伝ってもあんまり意味がないと思っていると思います。
C　ねずみは手とかも小さいから、引っぱるのが上手にできないからです。
T　本当に？　めんどうくさいから手伝いたくないんじゃないの？

⬇しっかりと間をとってねずみの発言に注目させよう。

⬇ねずみの気持ちになって考えることで、ねずみの存在の小ささに気づくだろうか。

⬇ことばが見つからない子が多いようだ。ペアトークで一度表現させて、発表させよう。

⬇「小さい」というキーワードが出てきた。

⬇「力がない」存在であることにも気づけている。

ポイント
⬇協力することへの思いも引き出したい。もう一度揺さぶろう。

C　手伝いたいけど……。手伝いたい気持ちです。
C　手伝いたいけど、自信がない。
T　なるほど、みんなが言ったみたいに、ねずみは小さいし、力が弱いから、自信がないかもしれないんだね。じゃあ、ねこさんになって、ねずみさんを励ましてあげてね。（再度教師がねずみのお面をつける。）
T《ねずみ役》役に立てないかもしれない……。

C《ねこ役》そんなことないよ！　いっしょにがんばろう。

C《ねこ役》力を合わせてがんばろう。

C《ねこ役》もしかしたら抜けるかもしれないよ。

C《ねこ役》ねずみくんの力が必要なんだ。がんばろう。

T《ねずみ役》よーし、がんばってみるよ！（お面を外す。）


➡ぴったりくることばを探しているようだ。

➡自分の知識や経験と重ねて、「自信がない」ということばを選んできたな。すごい。

➡ねこ役になってねずみを励ますことばを考えさせることで、小さく力の弱いねずみも力を合わせてかぶを引っぱるという展開のおもしろさを感じさせたい。

➡「協力」に関わることばが多く出てきている。展開場面で生かせそうだ。


初読の感想に「さいごにねずみがきて、みんなでいっしょにぬいて、たのしかったです。」という考えが出されるように、この物語のおもしろさの一つに、小さな存在であるねずみが加わることによってかぶが抜けるという意外性があります。また、みんなで力を合わせてかぶを引っぱり、その結果かぶが抜ける、その喜びを味わうためにも、「ねずみ」のイメージをつくり広げておく必要があります。

そこで導入場面では、ねずみ役となった教師と応答させることで、子どもたちの「ねずみ」の認識を揺さぶります。子どもたちは、自分たちの知識や経験を想起しながら、「小さい」「力が弱い」といった「ねずみ」のイメージを広げていきます。その後、ねずみを励ますことばを考えさせることで、小さく力が弱いねずみもいっしょになってかぶを引っぱるという八場面へとつなげていくようにします。

【展開場面】

授業の実際の様子	教師の思考の流れ
C 「(役を割り振り、全員で初めから八場面まで動作化しながら音読。) うんとこしょ、どっこいしょ。」 T まだまだ! せーの。 C (動作化)「うんとこしょ、どっこいしょ。」! T もうちょっと! せーの。 C (動作化)「うんとこしょ、どっこいしょ。」!! T そのままストップ! ○○おじいさん、今どんな気持ち? (マイクを向けるふりをする。) C がんばるぞ。	➡どの子にもしっかり声を出させて、かぶを力いっぱい引っぱるイメージをつくりたい。 ➡声も動きも大きくなった。人物たちの思いの高まりを感じているな。このときの人物の気持ちについてイメージを広げよう。

T　（板書する。以下同様。）
T　■■おばあさん。□□まごさん。
C　絶対抜くわ。
T　▲▲いぬさん。
C　力いっぱい引っぱるワン。
T　△△ねこさん。☆☆ねずみさん。
C　あともうちょっとだニャ。がんばるチュウ。
T　こんな（板書を指して）気持ちで、力を合わせてー、せーの！
C　（動作化）「うんとこしょ、どっこいしょ。」!!
T　「とうとう、かぶはぬけました。」
C　やったあ。
C　イエーイ。
T　みんな、今どんな気持ちかな？
C　（多くの子が手を挙げる。）
T　今思っていることがあるよね。その気持ちを、吹き出しに書いてみましょう。（九場面の挿絵を黒板に貼る。）今おじいさんだった人は、おじいさんの上に吹き出しを書いて、気持ちを書いてごらん。おばあさんだった人？　おばあさんの気持ちを書くよ。自分の役の気持ちが書けた人は、他の五人の気持ちも考えて書

➡あきらめない前向きなことばが出てきている。

➡人物一同が「かぶが抜けることへの期待」をもって力いっぱい引っぱっていることをイメージできているな。

➡人物に同化してかぶが抜けたときの喜びを体験的に感じられているようだ。気持ちが冷めないうちに、その喜びをことばで表現させたい。すぐに吹き出しに気持ちを書く活動に入ろう。

いてみる？　どうぞ。
C　（教科書の九場面の挿絵に吹き出しを書き、気持ちを想像して書く。五分間。）
T　（机間指導。）
T　お隣の人と教科書を交換して、どんなことを書いたのかお話ししましょう。
C　（ペアトーク　三十秒間。）
T　かぶが抜けたとき、どんな気持ちだったのかな？（お面を見せて）前で六人でかぶを抜いてみましょうか。おじいさんをする人？（指名してお面を渡す。続けてそれぞれの役を指名。）
C　（お面をつけた代表の子ども六人が前に出る。）
T　「かぶをおじいさんが……」からみんなで読んで応援してあげよう。どうぞ。
C　「かぶをおじいさんがひっぱって、おじいさんをおばあさんがひっぱって、……ねこをねずみがひっぱって、」
C　（代表児六人）「うんとこしょ、どっこいしょ。」
C　「とうとう、かぶはぬけました。」
C　《おじいさん役》やっと抜けた。
C　《おばあさん役》抜けてよかったわ。

➡「やったあ。」と感動を短いことばで書いている子、『やっと』抜けてよかった。」と前の場面とつなげて気持ちを書いている子、「早く食べたい。」とこれからのことを書いている子、「力を合わせたから抜けた。」と人物の連帯に目を向けている子がいる。大きく分類するとこの四パターンかな。どれも素直な喜びを表現している。

ポイント

➡挙手による発表にすると、テンポが悪くなる。動作化とセットにしてスムーズに流そう。

➡叙述とイメージを対応させて読む力をつけるために、音読の回数を確保したい。動作化をする子以外には教科書本文を読ませよう。

C　《まご役》わあい、早く食べたい。
C　《いぬ役》やっと抜けたワン。
C　《ねこ役》うれしいニャン。
C　《ねずみ役》ぼくでも役に立てた。
T　ねずみさんも役に立って喜んでいるんだね。みんなになりきって気持ちを考えられたね。もう一組やってみようか。（代表の子ども六人を指名。）
C　「かぶをおじいさんがひっぱって、おじいさんをおばあさんがひっぱって、……ねこをねずみがひっぱって、」
C　（代表の子ども六人）「うんとこしょ、どっこいしょ。」
C　「とうとう、かぶはぬけました。」
C　《おじいさん役》こんなかぶ見たことない。
C　《おばあさん役》やっと抜けたわ。
C　《まご役》やったあ。今夜のおかずはかぶね。
C　《いぬ役》疲れたワン。
C　《ねこ役》力を合わせたから抜けたよ。
C　《ねずみ役》がんばって抜けてよかった。
T　すごい、みんなの喜んでいる気持ちがよくわかるね。
T　かぶが抜けて嬉しかったね。でもね、先生不思議なんだけど、（間をとって）なんでこんなに大きなかぶ

➡いろいろな喜びの気持ちがあることが交流できればよい。テンポよくいこう。

➡導入で広げたイメージを生かして気持ちを考えているな。

➡人物の連帯に目を向けたものがまだ出ていない。「協力」のきっかけになることばを書いている○○さんをねこ役であてよう。

➡かぶが抜けた喜びについてのイメージを共有することができた。

➡物語のテーマの一つである「協力」について考えを深めたい。間をとって発問をしよう。

が抜けたんだろう。だって、見て。（板書を指して）
C 「けれども、かぶは」？
T 「ぬけません。」
C 「それでも、かぶは」？
T 「ぬけません。」
C 「やっぱり、かぶは」？
T 「ぬけません。」
C 「まだまだ、かぶは」？
T 「ぬけません。」
C 「なかなか、かぶは」？
T 「ぬけません。」
C ね。ずーっとかぶは抜けなかったんだよね。でも最後には？
T 「とうとう、かぶはぬけました。」
C これって、ねずみさんが実はすっごく筋肉もりもりの力もちだったってこと？
T 違う。
C 力もちじゃない。
C そういうわけではないんだね。（間をとって）じゃあどうしてかぶは抜けたんだろう。ちょっと隣の人とお話ししてみて。
T

➡「繰り返しと変化」によって構成されているこの物語の展開をもう一度確認することで、物語の全体に目を向けさせたい。

ポイント
➡「なぜかぶが抜けたか」とだけ問うと、「ねずみが加わったから」という考えに留まりそうだ。ねずみだけの力ではないことを押さえておきたい。

➡ここでもう一度、ゆっくりと発問をしよう。子どもたちにとっては少し難しい発問だろう。ペアトークをして考えを交流したりまとめたりする時間をとろう。

C（ペアトーク　三十秒間。）
C　みんなで力を合わせたからです。
C　同じです。
C　みんなで心を一つにしてがんばって引っぱって……引っぱったから、抜けたんだと思います。
C　もうちょっとがんばろうって思って、ずっとがんばったから抜けました。
C　みんなでがんばる気持ちがあったからです。
C　みんなで一生懸命力を出しきって引っぱったからだと思います。
T　そうかあ、なるほど。このとき（八場面の挿絵を指して）「がんばるぞ」「ぜったい抜くぞ」ってみんなで力を合わせて、心を一つにして引っぱっていたんだね。だから、「とうとう、かぶは」？
C「ぬけました。」
T　かぶが抜けたひみつも、みんなで考えたらわかったね。すごい！　最後に、役になりきって、まとめの音読をしてみましょう。その役のしたことや気持ちを思い浮かべながら読めたらすごいね。
C（役を割り振り、動作化なしで全文を音読。）


➡「力を合わせた」というキーワードが出た。

➡「心を一つにして」ということばを知っていて、このお話と結びつけたのか。すごい。

➡この子は、「あきらめない気持ち」が大切だと感じたんだな。

➡「協力」や「一生懸命」に関わることばが子どもたちから出てきた。テーマについて考えることができただろう。まとめに入ろう。

➡叙述からイメージを立ち上げる練習として、これまでにイメージしたことを頭に描きながら音読させよう。

本時は、八・九場面についてイメージを広げていくことをねらい、「かぶを引っぱるときの気持ち→かぶが抜けたときの喜び→物語のテーマ」という流れで学習を展開します。

この実践のように「場面の様子について想像を広げる」ことを目標とした授業をする際、叙述から離れてイメージの世界だけで話し合いを進めてしまうことがあります。しかしそれでは、国語科でつけたい《イメージする力》を養うことにはなりません。音読や視写、解釈の根拠となる叙述の発表などを通して**叙述とイメージとの往復を重ねることで、子どもたちは《イメージする力》をつけていくことができる**のです。そこで本時は、音読の回数を確保するよう留意して学習を進めます。音読をしながらの動作化や、代表の子どもの動作化を見ながらの音読、役割に分かれて場面の様子を想像しながらの音読など、本時の様々な場面で目的に応じた音読活動を設定することで、子どもたちは叙述とイメージとをつなげていきます。

展開場面の後半では、「なぜ、かぶは抜けたのか?」と問うことで、物語のテーマについて話し合います。物語のテーマについて考えることは、**「これまでつくり広げてきた物語のイメージ」と「自分の世界」とを結びつける**営みであると言えます。子どもたちは、「おおきなかぶ」に描かれた世界をイメージし、そのイメージと、「力を合わせて」「心を一つにして」「最後までがんばる」など自分の中にあることばや価値観(自分の世界)とを重ね合わせることで、作品世界のイメージをさらに広げるとともに、自分の世界を豊かにしていきます。このような読み方を一年生から経験させておくことは、物語のテーマを自分自身で考えながら読む主体的な読み手を育てるためにも大切です。

第2次のまとめとして本実践では音読を行いましたが、学習の感想を書かせてもいいでしょう。**学習を振り返って自分のことばで文章を書くことを通して、子どもたちは物語全体を見つめ直し、自分とこの物語との交わりを問い直す**ことになります。また、学習の感想を交流する機会も設ければ、新たな発見をし、学習への満足感も増すでしょう。

第3次　場面の様子について想像を広げながら、音読発表会をする。

第1時　場面の様子について想像を広げながら、音読発表会の練習をする。

指導目標

○人物の行動や気持ちについてイメージを広げ、ことばの響きやリズムなどに気をつけて音読練習をすることができる。

第2時　音読発表会をする。

指導目標

○場面の様子についてイメージを広げ、声の大きさや速さなどを工夫しながら音読の発表をすることができる。

第1次・第2次の学習を通して、子どもたちは、物語のイメージをつくり広げるとともに、イメージに合った読み方を工夫したり、リズムよく音読する楽しさを感じたりしてきました。

第3次では、これまでにつくり広げてきたイメージを生かして、ことばの響きやリズムに気をつけて音読することを目標とし、学習活動として「音読発表会」を設定します。音読発表会を参観日に合わせ、「お家の人に、上手な音読を聞いてもらおう」と呼びかけることで、子どもたちのモチベーションを高めます。

ことばの響きやリズムを感じながら読むことに重点を置くため、動作化や劇化は取り入れず、役割を分担し教科書を持って音読をします。分担の方法はいろいろと考えられますが、今回の実践では次のように分担をしました。（例として六場面を挙げています。）

《ナレーター》　まごは、いぬを　よんで　きました。
《おじいさん》　かぶを　おじいさんが　ひっぱって、
《おばあさん》　おじいさんを　おばあさんが　ひっぱって、
《まご》　おばあさんを　まごが　ひっぱって、
《いぬ》　まごを　いぬが　ひっぱって、
《おじいさん・おばあさん・まご・いぬ》　「うんとこしょ、どっこいしょ。」
《ナレーター》　まだまだ、かぶは　ぬけません。

第3次第1時は、「音読発表会の練習をしよう」というめあてのもと、役割を替えて何度も

教卓

おじいさん	ナレーター	おじいさん	ナレーター	おじいさん	ナレーター
おばあさん	ナレーター	おばあさん	ナレーター	おばあさん	ナレーター
まご	ナレーター	まご	ナレーター	まご	ナレーター
いぬ	ナレーター	いぬ	ナレーター	いぬ	ナレーター
ねこ		ねこ		ねこ	
ねずみ		ねずみ		ねずみ	

全文を音読します。毎回の役決めにあたっては、グループ内で話し合いをさせることで、自分たち自身で役を決定できるようにします。その際、どの役がどの席に座るのか（座席表参照）をあらかじめ提示しておくと、活動をスムーズに行ううえで効果的でしょう。話し合いで役が決まった子から席に着いていくので、どの役が決まっていてどの役が空いているかが一目でわかりますし、決まった子は席で音読練習をしていることができます。また、みんなで音読をするときにも、前の人が読んだら自分の番だということがわかりやすく、普段役割音読をして読む箇所を見失ってしまう子への助けにもなります。

第3次第2時は、「音読発表会をしよう」というめあてで、お家の方の前で音読をします。一学期最後の参観日であれば、「おおきなかぶ」だけでなく、一学期に学習した他の物語文や詩の音読も披露するとよいでしょう。

子どもたちは自信をもって発表をし、友達と声を合わせる楽しさやリズムよく読む心地よさを感じると同時に、お家の方にたくさんの拍手をもらうことで学習の達成感を味わうことができます。

また、第1次・第2次でつくり広げてきたイメージを生かして音読することができたか、という点については、その評価方法を教師が事前にもっておくことが必要です。

この単元では、入門期の子どもたちにつけたい力である、「文字のまとまりを語や文としてとらえる力やことばの響きやリズムを感じる力」と《イメージする力》について次のような観点から評価します。

・ことばのまとまりやリズムを意識した音読をしているか。
・文脈をもとに人物の気持ちを吹き出しに書けているか。

子どもたちの読みの力を伸ばしていくには、子どもたちにどこまで力をつけることができたのか、常に教師が自分自身に問うていくことが大切です。

おわりに

十年近く前、私が広島大学附属小学校に勤務していた頃、当時広島大学大学院の教授でいらっしゃった吉田裕久先生に研究授業についてご指導を仰ぐ機会に恵まれました。

私は、授業で取り扱う教材を決めかねていたのですが、ご指導いただく日も迫ってきたため、その学年で多くの先生方が実践研究される文学教材（「重要文学教材」）で指導案を作成しました。そして、吉田先生の元へお持ちしました。私は、実践をやり尽くされた感のあるその教材についてあまりおもしろさを感じていないこと、誰がどう読んでも同じような読み方になり、曖昧な感じで授業が終わってしまう気がすることを正直に吉田先生にご相談しました。

しかし、それは私の思い上がりでした。私の悩みに静かに耳を傾けていた吉田先生は、穏やかな口調で次のようにおっしゃいました。

「そんなことはありません。しっかりと読んでください。そうすれば、おもしろさがわかりますよ。」

私にとっては、過去に何度も子どもたちに指導した経験のある教材でしたが、吉田先生のご指導をきっかけに、改めて教材を読み直してみることにしました。それも、今までとは全く違う読み方で。指導者としてではなく、徹底的に読者として読みました。そして、自分の中で曖昧になっている部分や疑問に感じているところについて、文章中のことばをばらばらにしたり並べたりして考えてみました。

すると、今まで気づかなかった解釈が、私の中に生まれてきたのです。誰もが「当たり前」に感じていたイメージが違って見えるようになり、ぼんやりとした物語の世界が、一気に鮮明になりました。「読めたつもり」になっていた自分に気づきました。研究授業では、その場面を扱い、子どもたちにも私と同じような「見えなかったものが見える」体験をしてもらいました。

吉田先生にいただいたご指導をきっかけにして、私は教材を読むときの「視点」を学ぶことができました。教材の内容やその特性が読めるようになると、指導すべきことが明確になり、方法も決まります。（「決める」のではなく、必然的に「決まる」のです。）子どもたちの発言に対する私の聴き方も変わってきました。授業づくりにおける教材分析の大切さを改めて実感した次第です。この場をお借りして、ご多忙の中、いつも温かいご指導をくださる吉田裕久先生に心より感謝を申し上げます。

国語の授業づくりの難しさを感じている先生方は、全国にたくさんいらっしゃることでしょう。国語の授業づくりに悩んでいる先生方、国語の実践研究を志す先生方にとりまして、本シリーズとの出合いが、「見えなかったものが見える」きっかけになってくれればと願います。

最後に、本シリーズの出版にあたって、企画段階から温かい指導と励ましをいただいた明治図書出版の林知里様に深くお礼申し上げます。

立石　泰之

【監修者】

実践国語教師の会

【編者紹介】

立石　泰之（たていし　やすゆき）

1972年，福岡県春日市に生まれる。東京学芸大学卒業。福岡県公立小学校教諭，広島大学附属小学校教諭を経て，現在，福岡県教育センター指導主事。全国大学国語教育学会，日本国語教育学会会員。全国国語授業研究会理事。

【著者紹介】

川上　由美（かわかみ　ゆみ）

1986年，広島県府中市に生まれる。広島大学教育学部卒業。青年海外協力隊，広島大学附属小学校講師，広島県公立小学校教諭を経て，現在，山口県公立小学校教諭。
著書に，『国語教育学研究の創成と展開』（溪水社）（分担執筆），雑誌原稿として『学校教育』（広島大学附属小学校学校教育研究会）への掲載（いずれも松坂由美名義）がある。

国語科重要教材の授業づくり
たしかな教材研究で読み手を育てる
「おおきなかぶ」の授業

2016年6月初版第1刷刊
監修者　実践国語教師の会
©編　者　立石泰之
著　者　川上由美
発行者　藤原光政
発行所　明治図書出版株式会社
http://www.meijitosho.co.jp
（企画）林　知里（校正）清水　聰
〒114-0023　東京都北区滝野川7-46-1
振替00160-5-151318　電話03(5907)6703
ご注文窓口　電話03(5907)6668

＊検印省略　組版所　株式会社カシヨ

Printed in Japan　ISBN978-4-18-195311-9